Werner Poscharnigg

Westernfreizeitreiten

Vom Basis-Know-how bis zur
Hohen Schule im Gelände

Die Deutsche Bibliothek – CIP-Einheitsaufnahme

Werner Poscharnigg
Westernfreizeitreiten : Vom Basis-Know-how bis zur Hohen Schule im Gelände /
Werner Poscharnigg. – München ; Wien ; Zürich : BLV, 1999
  (BLV Pferdepraxis)
  ISBN 3-405-15508-8

Bildnachweis
Alle Fotos: Dr. Renate und Dr. Werner Poscharnigg

Illustration S. 110/111: Kerstin Diacont

Umschlaggestaltung:
Werbeagentur Sander und Krause, München
Umschlagfoto: Dr. W. Poscharnigg

Layout und Satz: Kerstin Diacont, Neu-Isenburg

Herstellung: Manfred Sinicki

Lithos und Filmbelichtung: Lanarepro, Lana bei Meran (Südtirol)

Druck und Bindung: Neue Stalling, Oldenburg

BLV Verlagsgesellschaft mbH
München Wien Zürich
80797 München

Printed in Germany
ISBN 3-405-15508-8

Werner Poscharnigg

Westernfreizeitreiten

Vom Basis Know-how bis zur
Hohen Schule im Gelände

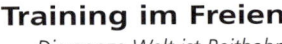

Westernfreizeitreiten

Alltagsreitkultur

für Seele und Körper.

Westernreiter scheinen vor allem Leute zu sein, die sich und ihre Pferde cowboymäßig verkleiden. Tatsache ist jedoch, daß Westernreiten zu den seriösen Arten gehört, sich per Pferd fortzubewegen, und zu den sichersten und angenehmsten noch dazu. In welcher Reitweise zählt man schließlich die wenigsten Unfälle, die wenigsten verbissenen Gesichter, die wenigsten verkrampften Hände, die wenigsten verrückten Rösser?

VERGNÜGEN

Und welche Reitweise kann durch ihre ganze Leichtigkeit und Ungezwungenheit und Eleganz mühelos vermitteln, daß Reiten etwas mit Freude, Vergnügen, Annehmlichkeit, eben 'pleasure' zu tun hat? Natürlich: das Westernreiten, eine Reitweise, die – obwohl hierzulande hauptsächlich als Turniersport gängig – für das nicht-wettbewerbsmäßige Reiten wie geschaffen scheint. Im Deutschen nennen wir es Freizeitreiten, im Amerikanischen heißt es 'pleasure riding', „Vergnügungsreiten", oder 'recreational riding'. 'Recreation' bedeutet „Erholung", „Wiedergeburt". Schön, nicht?

Genau das ist es , was wir brauchen, wenn der oft nach DIN verlaufende Berufsalltag hin und wieder Pause machen soll, ohne daß wir uns von der kommerziellen Unterhaltungsmaschinerie einspannen lassen. Unabhängig von einander bestätigten mir DressurreiterInnen während der letzten Jahre, mein Reiten sehe so „lustig und leicht" aus, wobei alle tatsächlich wortwörtlich diese beiden Adjektive verwendeten. Warum das Westernreiten mit der erfreulichen Kategorie „lustig und leicht" verbunden wird, läßt sich nicht schwer erraten.

Krieg, Arbeit und Vergnügen

Westernreiten wurde als Arbeitsreitweise von Leuten entwickelt, die, wenn sie zu Pferd saßen, anderes zu tun hatten, als dieses ständig zu maßregeln. Diese Leute waren Krieger oder Hirten. Beide bedienten sich in etwa der gleichen Reitweise. Die Krieger wurden durch den „Fortschritt" der Militärtechnik wegrationalisiert, die Cowboys fielen weitgehend der Erfindung des Drahtzaunes, der Geländewagen und Hubschrauber zum Opfer. Arbeitsplätze für Cowboys wurden weltweit rar. Was blieb, sind die Reittechnik der Minimalhilfengebung und die Ausrüstung.

Wenn wir als Westernfreizeitreiter mit unserem Pferd ein derartiges Einverständnis pflegen, daß es auf unsere oft nur angedeuteten Signale entspannt reagiert, so daß wir ebenfalls im Sattel keinerlei Anspannung brauchen und auf stramme Zügel, verkrampfte Hände, klemmende Schenkel verzichten können, so dürfen wir das wohl als unschätzbaren Vorteil für eine erfüllende Alltagsreitkultur betrachten, egal, ob wir „nur" ausreiten, Wanderritte unternehmen, auf dem Reitplatz „arbeiten" oder uns im Turnier dem Wettbewerb stellen. Dem dient in optimaler Weise die Westernausrüstung für Pferd und

Reiter, welche das Endprodukt einer langen Evolution darstellt. Was sich durch mehrere Jahrhunderte für tägliche Zehnstundenritte bewähren mußte, funktioniert auch noch heute für Pferde und Reiter, die Wert auf bequemes, zweckmäßiges Equipment legen. Und das werden überwiegend die Freizeitpferde und -reiter sein, Reiter, denen alltägliche Harmonie mit ihrem Pferd mehr

Sommers durch kühle Wälder galoppieren.

bedeutet als die Jagd nach Schleifchen, Ehre und (seltenen) Geldpreisen.

Der Western-freizeitreiter - das unbekannte Wesen

Was Sie schon immer über Westernfreizeitreiter wissen wollten, doch nicht wagten, zu fragen... Versuchen wir zunächst herauszu-kriegen, was Westernfreizeitreiter eigentlich sein könnten.

Vielleicht: Geborene Unterreiter? Besonders als Reiter merkt man, daß die Welt eigenartigen, der Logik widersprechenden Gesetzen folgt und genug Gelegenheit und Anlaß zum Lächeln gibt.

Lassen Sie mich erzählen. Meine Frau und ich waren zu einem Reiter-treffen eingeladen, einer Country-and-Western-Show, und wir kamen gern mit unseren Rössern hin. Während wir mit unseren Pferden herumstanden, begann bereits ein junger Mann, der mir aus der Westernturnierreiterszene irgendwie geläufig war, mit Freundlichkeit zu behandeln, die Herablassung glich. Er kannte uns und wußte, daß wir „nur" Westernfreizeitreiter sind. Beim Warmreiten der Pferde außerhalb der Arena gab es wenig Platz, und jeder mußte sehen, wo er sich ein bißchen bewegen konnte.

Ich gab mich mit ruhigen Galopp-zirkeln von zwei bis drei Metern Durchmesser zufrieden und wech-selte fliegend zu kleinern Achtern. Der Bursch beobachtete mich fin-ster. Und noch finsterer, nachdem wir danach in der Arena auch man-ches nicht unbedingt schlechter als die „erfahrenen", erfolgreichen Turnierreiter absolviert hatten... Er grüßte uns nie mehr. Seither weiß ich: Als Freizeitreiter hat man gefäl-ligst schlechter zu reiten als ein Turnierreiter, damit die Welt noch in Ordnung ist. Die Idee, daß jemand nicht an Turnieren teilneh-men will, auch wenn er reiterlich dazu in der Lage wäre, paßt schwer in gewisse Köpfe.

Universelle Qualität im Alltag

Im Bereich des Westernreitens findet man die Geringschätzung des Freizeitreiters und -pferdes nach meiner Erfahrung weniger ausge-prägt als in der „klassischen" Reitweise. Wer sich dort als Turnierreiter bezeichnet, wächst automatisch locker um gute zwei Zoll Körpergröße, und das Wort

Zügellos rückwärtsrichten.

„Turnierpferd" impliziert selbstverständlich Qualität, auch wenn es so unrittig ist, daß es beim Aufsteigen von einem Helfer gehalten werden muß und außerhalb des Reithofs ein akutes Gesundheitsrisiko darstellt. Ja, ein Pferd, das sich vor praktisch nichts schreckt, beste Manieren an den Tag legt und dennoch auch in der Reitbahn gut geht, ruft irgendwie bei manchen Leuten eher Irritationen hervor, hat doch ein Freizeitpferd schließlich und endlich ein doch in irgendeiner Weise minderwertiger Gaul zu sein, Ausschuß des Turnierbetriebes eben, und sein Reiter folglich irgendwie auch. Diese Haltung gegenüber dem Freizeitreiter entwickelt sich auch bei den Westernreitern in dem Maße , in welchem das Westernreiten sich dem „klassischen" Betrieb angleicht und nicht nur Pferde, sondern offenbar auch schon manche Reiter das Ergebnis künstlicher Besamung zu sein scheinen.

Was soll's also, ihr Parias der Reiterei, ihr Freizeitreiter? Hinein in die Wälder! Versteckt euch! Und gar ihr Westernfreizeitreiter mit euren Cowboyhüten und Sporen! Der Fasching ist vorbei! Macht Platz für die ernsthaften Reiter!

Wer sich als Freizeitreiter von solchen Meinungen mancher Arroganzler – sie werden uns fast stets unterschwellig serviert – beein-

drucken läßt, setzt sich selbst herab. Ein altes Sprichwort lautet: Die Hunde bellen, die Karawane zieht weiter. Öffnen wir die Augen für neue Qualitäten in unserem Alltagsreiten, das uns neben physischer auch geistige Ausgeglichenheit vermitteln kann. Unser Freizeitreiten wird uns zur Freude für Körper und Seele. Denn wir sind frei, um zu reiten.

Zu hauchzarten Hilfen

Als Westernfreizeitreiter unterscheiden wir uns von anderen Reitern dadurch, daß wir zum Zweck der Freizeitgestaltung reiten. Und wir verwenden im Umgang mit unserem Pferd die Prinzipien des Westernreitens, welche diese Reitweise so attraktiv machen: Befolgt Freund Pferd die Signale, die wir ihm durch Körpergewicht, Beine, Füße und (weniger) Hände übermitteln, so lassen wir ihn als Belohnung in Ruhe, bis wir wieder etwas anderes verlangen. Das ist das Fundament des Westernreitens. Dadurch ist das Westernreiten – für seine Zwecke – auch allen anderen Methoden überlegen. Denn es macht das Pferd, welches sich auf seine Belohnung (das Aufhören der „Hilfe") freut und uns gefallen will, immer leichter und sensibler.

Das ideale Ziel wäre schließlich das Pferd, das die Gedanken sowie

höchsten reiterlichen Anforderungen eines völlig still im Sattel sitzenden Reiters korrekt ausführt. Ob man reiterlich dieses Ziel erreicht, steht natürlich auf einem anderen Blatt geschrieben, doch allein der Weg dorthin lohnt sich, birgt er doch eine Vielzahl von Abwechslungen, Schwierigkeiten, Freuden, Siegen, Niederlagen, alles eben, was das Leben interessant macht. Nur wenige begnadete Reiter gelangen bis an sein Ende. Dieser Weg wird uns nie langweilen. Wenn wir ihn gehen und die ersten Hürden auf uns zukommen sehen und meinen, wir wollen doch lieber nicht weiter und langweilen uns in der selbstgewählten Beschränkung, so haben wir als Freizeitreiter falsch gewählt.

Entspannung ohne Langeweile

Unser Streben, das Ziel zu erreichen, sollte nie aufhören, wollen wir mit unseren Pferden nicht versumpfen. Entspannung und Langeweile liegen eng beieinander. Entspannung setzt Spannung voraus. Zügelloses Dahinlatschen gehört natürlich ausgiebig praktiziert. Aber nur, wenn unsere Reiterei uns und unseren Rössern Herausforderungen zu bieten hat. Denn ein gelangweiltes Pferd wird sich an seinem Reiter rächen, sei es durch passiven Widerstand und unbewältigbare Faulheit, sei es durch gefährliche

Schreckhaftigkeit, die dem Herausforderung scheuenden Reiter wirklich gefährliche „Äktschn" bescheren kann, sei es durch zunehmende Widersetzlichkeit auf allen Linien.

Wenn wir die Prinzipien der Westernreiterei anwenden, setzen wir höchstwahrscheinlich die praktische Westernausrüstung für Pferd und Reiter ein, die uns und unseren Pferden das gute Reiten leichter macht. Das müßte nicht unbedingt so sein. Wir könnten auch mit normaler „klassischer" Reitausrüstung, Dressursattel, dicker Hohltrense, Gerte etc. western reiten. Und wir könnten dazu sogar einen schwerbrüstigen 175-cm-Warmblüter für diese Aufgabe heranziehen.

Wir würden dann, bin ich zu glauben geneigt, noch immer mehr Westernreiter sein als ein perfekt mit Westernsattel, -pferd und -bekleidung ausstaffierter Reiter, der sein frisch aus Oklahoma importiertes Quarter Horse ständig mit Sporen- und Zügel"-hilfen" traktiert, ohne ihm die Chance zu geben, für richtiges Verhalten belohnt zu werden. Und umgekehrt kann auch derjenige, welcher sein Pferd nur am durchhängenden Zügel dahinlatschen läßt, ohne ihm die Chance zu geben, mehr zu leisten, schwerlich als Westernreiter eingestuft werden, auch bei bester Verkleidung. Wenn Nicole Uphof ein Stock-Type-Paint-Horse mit Western-

Unterwegs das Pferd in den Seitengängen gymnastizieren.

outfit im Dressurstil reitet, ist sie klarerweise noch lange keine Westernreiterin. Weder der Cowboyhut noch andere Accessoires machen einen Westernreiter, sondern nur der Reitstil und der geistige Hintergrund. Und das trifft natürlich ebenso auf den Westernfreizeitreiter zu.

Half Breed

Übrigens: Sehr häufig wird die Spezies Westernfreizeitreiter nicht völlig reinrassig auftreten, sondern zeitweise zum Westernturnierreiter mutieren, was uns nicht stören soll, heißen wir doch auch diese Mischrasse in unseren Reihen zur Blutauffrischung gern willkommen, denn schließlich gehört die Jagd nach Schleifen und Pokalen für viele Reiter eben zur Freizeitgestaltung. Doch – wie gesagt –, der Freizeitreiter kümmert sich wenig darum, was andere Personen, seien sie auch Richter, über sein Reiten sagen. Für ihn entscheidet das Pferd, ob er seine Sache gut macht oder nicht.

Beim Galoppzirkel den Kreis mit den Augen vorauszeichnen - der Reiterkopf lenkt das Pferd.

Wind schlagen. Er wird, wenn sich ihm unüberwindbare Probleme stellen, sich in seinem und seines Pferdes Interesse an einen professionellen Experten wenden. Aber sein Glück als Reiter besteht nicht in der Wertschätzung durch andere. Denn damit würde er sich ja völlig von ihnen abhängig machen. Ihre oft wetterwendische Laune würde sein Wohlbefinden regieren. Er könnte darunter leiden und seine Pferde auch. Freizeitreiten, das ist Reiten um des Reitens willen, manchmal Kunst um der Kunst willen.

Jedes Qualitäts-niveau möglich

Der Begriff (Western)freizeitreiten sagt absolut nichts über Qualität aus und ist wertneutral. Der Westernfreizeitreiter kann auf einem schlichten Niveau, sagen wir, Probleme haben, sein Pferd bequem an der Hand zu führen. Er wird nicht aufgeben, dieses Nahziel zu erreichen, wenn ihn sein Pferd ständig zum Heuhaufen oder vor dem Abhalftern in die Box schleppt, umrennt oder herumzappelt. Auf einem etwas höheren Niveau wird er beispielsweise von seinem Pferd in jeder Situation in jeder Gangart ein verläßliches „Whoa", ein Anhalten also, ohne unelegantes Zügelgezerre verlangen und durchsetzen, auch wenn hinter ihm die Hölle los

Freilich, das zu beurteilen, wird nicht immer leichtfallen, der Freizeitreiter könnte dann und wann Expertenurteil brauchen. Eine Videokamera, die er sich an den Reitplatzrand stellt, kann ihm bei seiner Selbsteinschätzung wertvolle Dienste leisten. Vorsicht! Schauen Sie sich aber Ihr eigenes Video nicht zu oft an, damit Sie nicht unbewußt falsches Verhalten speichern. Speichernswert ist eher das Reiten von Stars und Könnern.

Um des Reitens willen

Aber grundsätzlich reitet der Westernfreizeitreiter nicht für Zuschauer, egal, ob Ignoranten, Neider, Freunde, Verehrer, Richter, Trainer, Konkurrenten, sondern für sich und sein Pferd. Das Urteil der Zuschauer wird ihn interessieren. Er wird sich alles anhören, abwägen, ob die Meinung für ihn von Bedeutung sein könnte. Vernünftige Ratschläge wird er nicht in den ist und vorne 10 Reitvereine mit ihren Rössern durchgehen. Und er wird – schon im Interesse seiner Gesundheit – nicht aufgeben, auch dieses Nahziel zu erreichen.

Der Weg ist das Ziel

Und wieder auf einer höheren Stufe wird er sehen, daß seine fliegenden Galoppwechsel auch auf einer Geraden mit völlig geradem Pferd gelingen, bis hin zum Einserchangement. Und hat er das geschafft, so versucht er, ein eventuell vorhandenes Schweifschlagen bei diesen Wechseln auszumerzen. Und so macht er weiter, bis er 10 Meter slidet und/oder eine harmonische Kapriole mit seinem Pferd schafft, das willig für ihn durch Sumpf,

Wasser und Verkehrchaos geht oder auf eine Rolltreppe in einem Kaufhaus mit Weihnachtstrubel. Sie sehen schon, worauf ich hinauswill: Die Perfektion ist unerreichbar und immer zumindest einen Schritt von uns weg. Doch wir dürfen als Westernfreizeitreiter nie aufgeben, sie zu erreichen. Denn Stagnation bedeutet – wie überall im Leben – Rückschritt. Unter Umständen kann auch ein Aufrechterhalten eines gewissen Trainingsstandards als Erfolg verbucht werden, wenn wir aus Zeitmangel nicht oft genug reiten können. Doch der Grundsatz muß immer lauten: Vorwärts! Vorwärts mit dem Pferd. Vorwärts mit dem Reiter. Hin zu mehr Harmonie und gegenseitigem Verständnis in der Bewegung.

Just in Time

Nur in einem Punkt scheint mir der Turnierreiter dem Freizeitreiter klar überlegen: Im Turnier muß jeder Teil der Aufgabe zur richtigen Zeit richtig und korrekt geritten werden. Es kommt auf das Jetzt und nicht auf das Später an. Wenn der Freizeitreiter daheim in der Halle einmal den einen Zirkel nicht so ganz rund schafft oder beim fliegenden Wechsel das Pferd hinten erst einen Galoppsprung später umspringt, so findet er das nicht tragisch, denn beim nächstenmal wird es schon klappen. Diese gemütliche Option fehlt im Wettkampf.

Wettbewerbsfrei im Westernstil

Zusammenfassend, vereinfachend: Was nun ist ein Westernfreizeitreiter? Ein Mensch, der wettbewerbsfrei sein Pferd mittels Westernreittechnik bewegt.

Er besitzt wahrscheinlich ein zum Westernreiten taugliches Roß. Er verwendet dabei vermutlich Westernsattel und -zäumung, weil er ein Faible für duftendes, irgendwie altertümlich verarbeitetes Lederzeug hat, weil alles einfach praktisch-bequem funktioniert, weil er es ästhetisch ansprechend findet. Aus ebendiesen Gründen trägt er Westernbekleidung. Kein Mensch

Einsam am Seerosenteich meditieren.

kann diesem Menschen verbieten, ein bißchen über den Zaun zu gucken und ein paar kleine Anleihen bei den alten klassischen Meistern zu nehmen, bei der Doma Vaquera oder sonstwo. Jede Westernreitdisziplin steht ihm offen. Es steht ihm frei, zu reiten, wie er will. Hauptsache, es gefällt seinem Pferd und ihm.

Horizonte

Von diesem Menschenschlag Westernfreizeitreiter würde ich mir übrigens Intelligenz wünschen, Horizont und Weitblick. Sicherlich fiel Ihnen in der Reiterei bereits auf, daß etliche Leute – auch manche Trainer, Experten – sich durch herzerfrischende Engstirnigkeit auszeichnen, durch Unwissenheit in den Belangen anderer Reitweisen, Hippologie, Geschichte des Reitens, Beschlagkunde, Veterinärwissen, artgerechter Pferdehaltung etc. Der Gesichtskreis des Westernfreizeitreiters muß weiter reichen als bis zu seiner Hutkrempe oder Westernspezialdisziplin. Er strebt an, ein universaler Horseman zu sein.

In diesem Sinne wird auch seine Liebe zu den Pferden stets von Wissen unterstützt wirken, denn Liebe ohne Wisssen kann schaden. Angespornt durch seine Liebe zu den Pferden (und damit zur Schöpfung überhaupt) überprüft er

immer, wie er seinen Pferden noch mehr nützen kann, informiert sich, wägt ab, was richtig sein könnte. Er unternimmt wissentlich nichts, was seinem Roß schaden würde, weder aus Liebe, noch aus Ehrgeiz, noch aus Gedankenlosigkeit.

Alles im allem sehen wir, daß derartiges Horsemanship mehr sein kann als nur ein Hobby. Langeweile, Unerfülltheit und ähnliche Zivilisationsgefühle, die bei vielen Leuten außerberuflich aufkommen, scheinen dem Westernfreizeitreiter wie Probleme von einem anderen Stern, denn er hat immer zu tun, sommers wie winters. Zu tun mit wunderbaren, schönen Tieren, die uns vermitteln, wie großartig die Natur ist, von der wir immer mehr vergessen, daß wir als ein Teil zu ihr gehören.

Dieses Buch übrigens entstand, weil ich als Westernfreizeitreiter über meine Erlebnisse und Ideen das wettbewerbsfreie Westernreiten betreffend in Fachmagazinen in den USA und in Europa publizierte und ein derart positives Echo fand, daß ich einen kompetenten Verlag als starken Partner suchte. So hoffe ich, zu einem breiten Spektrum von ReiterInnen vordringen zu können, die Denken und Unabhängigkeit wagen wollen, um zusammen mit ihren Pferden im Alltag noch mehr Freude zu erleben und stolz darauf zu sein. Was zählt, sind die Fakten

und die Pferde, nicht der Glaube an die Autorität eines Gurus. Alles, was ich hier beschreibe, richtet sich nach Praktikabilität und Lustbetontheit und funktioniert im reiterlichen Alltag. Es wird hier auch nichts vom hohen Roß herunter mit scheinbarer Allwissenheit bzw. mit Anspruch auf Unfehlbarkeit verkündet. Hier teilt einfach ein Westernfreizeitreiter anderen (Western)freizeitreitern von Sattel zu Sattel seine Ideen mit.

Durstlöschung zwischendurch.

Basis-Know-How

Instinkte lenken können.

Auch die längste Reise beginnt mit einem ersten Schritt... Unsere Reise: Ein Ritt hin zu vollendeter Harmonie zwischen uns und unserem Pferd. Dieser Weg enthält kaum Abkürzungen. Meistens müssen wir, haben wir uns für eine Abkürzung ent-schlossen, wieder zurück, um etwas nachzuholen, das wir in der Ausbildung unseres Pferdes vernach-lässigten.

LUXUSARTIKEL

Alle Schnellsiedemethoden und Crashkurse mit Pferden haben Nachteile, entweder für uns Menschen oder für die Tiere.

Wenn ich zum Beispiel mich rasch auf ein vorerst geduldiges Roß setze und mit ihm ins Gelände gehe, ohne ihm ein zuverlässiges „Whoa" beigebracht zu haben, so kann ich von Glück reden, wenn ich gesund und das auch noch zu Pferd wieder heimkomme. Jedes Schulen dieses Problems im nachhinein stellt mich vor wesentlich größere Probleme, bei denen auch Profis unter Umständen scheitern bzw. nur Teilerfolge erzielen können. Oder: Wir lassen ein junges Pferd rasch turniermäßig herrichten, ohne daß sein Knochenbau gefestigt und die Muskulatur gymnastiziert ist, so wird dieses arme Tier nach wenigen Jahren nur noch bedingt oder gar nicht einsatzfähig sein. Hübsch für die Pferdeindustrie: Tierärzte, Apotheker, Schlachter, Trainer, Züchter, Händler profitieren vom rascheren Umlauf der Pferde. Je jünger und ehrgeiziger Pferde ausgebildet werden, desto früher scheiden sie aus dem Turnierbetrieb aus. Es gehört zu den Merkmalen des modernen Westernreitbetriebs, daß in vielen Leistungsklassen Pferde über 10 oder 12 Jahre Seltenheitswert haben. Hut ab vor Ausnahmeerscheinungen.

Sie haben sich vielleicht auch schon insgeheim über etliche Promis in der Westernturnierszene gewundert, von denen in der Fachpresse steht: „Nach einem dramatischen Stechen konnte XY... auf seinem neuen Hengst den Sieg in der Reining... davontragen..." Hatte der nicht schon in der vorigen oder vorvorigen Saison einen „neuen Hengst"? Tja... Und wo ist der „alte" Hengst? Der war doch gerade erst sieben Jahre alt. Ach so! In der „Zucht" ist er! Sicher eine hübsche Berufsveränderung für einen Hengst.

Doch wie sieht es mit den vielen Wallachen aus, die nach kurzer und intensiver Turnierkarriere kaputte Rücken und/oder Beine davongetragen haben und die nicht einmal mehr für diese sogenannten Freizeitreiter taugen? Und wie sieht es mit den anderen nicht so ganz tollen und erfolgreichen und doch geschädigten Pferden aus? Sie verschwinden. Schließlich sind Altsein und Kranksein für einen Luxusartikel schon ein starkes Manko in einer Gesellschaft, die es sich zur Gewohnheit machte, sich stets nur mit Neuestem zu unterhalten. Daher gehört zu einem erfolgreichen Reiter auch ein neues Pferd.

Aufbruch...

Systematisch aufbauen

Tatsache ist, daß ein Pferd erst mit drei, vier, besser fünf Jahren intensiveres Training absolvieren sollte. Es kann dann mit hoher Wahrscheinlichkeit damit rechnen – wenn es nicht Pech hat – auch noch im Alter von 20 oder 25 Jahren voll dienstfähig zu sein und dann auch noch bis zu seinem späteren Tod als gutes Reitpferd auch anspruchsvoll zu arbeiten, vernünftige Ausbildung, Fütterung, Haltung und Glück vorausgesetzt. Ein Pferd mit 2 Jahren anzureiten ist zwar günstig, weil es meist leichter geht als später, doch darf das nur einige Wochen lang, vorsichtig, sachkundig und ohne Ehrgeiz erfolgen. Austesten des Stop- und Spinvermögens, wie es nur allzu gern erfolgt, kann beim Jungpferd zu schweren bleibenden Schäden führen. Nach diesen paar Wochen leichter Grundausbildung muß das Jungpferd, das Grundlagen wie das Ertragen des Reitergewichts gelernt hat, wieder für ein Jahr hinaus auf die Koppel in die Herde.

Es soll hier nicht gesagt sein, daß jeder professionelle Trainer die Pferde systematisch und vorsätzlich ruiniert, was ja gottlob nicht der Fall ist. Es soll nur festgestellt sein, daß manche Trainer dies aus Ehrgeiz und auf Druck der Besitzer zumindest fahrlässig tun. Als Freizeitreiter können wir den Vorteil genießen, daß wir ehrgeizige Hast nicht nötig haben. Das Pferd ist für uns kein Siegespodest, auf das wir uns stellen müssen, um unser Selbstwertgefühl aufzumöbeln und in einer Hierarchie von Pferdeleuten einen hohe Position einzunehmen. Ein klarer Vorteil wettbewerbsfreien Reitens.

Egal, ob wir unsere Pferde selbst ausbilden oder die Arbeit den Profis überlassen: Soll uns ein Pferd über lange Zeit hin Freude machen und auch anspruchsvolle Übungen und schnelles Reiten bis zu seinem - sagen wir - 25. Lebensjahr problemlos aushalten, so muß von Jugend auf systematische Gymnastik erfolgen, gezielt aufgebaut, Schritt für Schritt. Das Pferd sagt uns, wann die Zeit für den Fortschritt zu Schwierigerem gekommen ist. Oder es sagt uns, daß wir die und die Grundübung ausgelassen haben und mit unserem Training wieder zurückgehen müssen. Der Freizeitreiter lernt mit seinem Pferd mit und wächst in seiner Kompetenz. Außerdem: Die Arbeitskondition jedes Pferdes muß durch ständiges Trainieren erhalten werden. So verhält sich das ja auch beim menschlichen Sportler, bei dem kaum jemand auf die Idee käme, er könnte seine Tätigkeit ohne Aufbautraining durchführen.

Und wenn man ja gar kein anspruchsvolles Reiten anstrebt?

Wenn man nur so einfach dahinbummeln möchte? Dann ist man eben Stammitglied des wohl größten Reitvereins der Welt: des Reitklubs der gelangweilten Gesichter. Es gibt aber auch einen Weg zwischen industriellem Reitbetrieb und der Fadheit, nämlich den der anspruchsvollen Freizeitreiterei, den wir in diesem Buch auskundschaften. Und wenn wir diesen Pfad reiten wollen, brauchen wir ein gesund ausgebildetes Pferd.

Unser Pferd fangen

Welche Basis benötigen wir für die von uns ersehnte Harmonie mit unseren Pferden? Wir müssen es zunächst einmal fassen, wenn wir es von der Weide oder aus dem Stall holen. Nehmen wir einmal an, wir holen unser Pferd, egal welchen Alters, aus einer kleinen Herde, schließlich sind wir pferdefreundliche, moderne Horsemen, die nicht immer ihr Roß mittelalterlich im Boxenknast eingesperrt halten. Wir betreten den Auslauf und schließen ihn von innen. Wir haben Bestechungsmaterial bei uns, Karotten, Brot, Leckerli oder so. Unser Roß tummelt sich nackt und halfterlos, schließlich könnte es mit dem Halfter hängen bleiben und sich ernsthaft verletzen. Unser Halfter halten wir hinter dem Rücken versteckt und nähern uns

Artgerechte Haltung: Das Pferd aus der Herde fangen.

diplomatisch der Herde. Wir haben uns schon öfter unter die Herde gemischt und unser Pferd nur begrüßt, getätschelt und nicht eingefangen. Unser Auftauchen verheißt also nicht unbedingt Abmarsch. Unser Pferd langweilt sich und ist so nett, zu uns zu kommen, weil es weiß, daß wir immer etwas Köstliches in der Tasche lagern? Fein. Wir legen ihm rasch, aber unhastig den Führstrick um den Hals, schließlich könnte nach der Leckerliüberreichung ein Meinungsumschwung eintreten. Wir haben nun gute Chancen, ihm das Halfter überzustreifen.

Unser Pferd fühlt sich vom Magnetismus seiner Herde mehr angezogen als von uns? Es versteckt sich hinter seinen Freunden? Wir drängen diese vorsichtig, aber bestimmt ab, ohne unsere Angst vor Tritten und Bissen durch unsere Körperhaltung auszudrücken. Wir bleiben cool und gehen langsam, um keine allgemeine Flucht einzuleiten, der wir doch nicht folgen könnten. Wir geben eisern keinem anderen Pferd als unserm ein Leckerli. Wir achten darauf, vom Herdenchef nicht angegriffen zu werden.

Wir bleiben hartnäckig und lassen unser Pferd nicht mehr zum Fressen kommen. Es sieht, daß es vor uns keine Ruhe hat. Früher oder später wird es aufgeben. Pferde sind irgendwie Aufgeber. Beharrlichkeit beeindruckt sie. Pferde haben ein gutes Gedächtnis. Sie wissen, daß wir nie aufgeben. Deswegen wird uns unser Pferd früher oder später folgen. Wenn wir Menschen aufgeben, weil uns das Quantum Geduld, das wir auf die Koppel mitbrachten, ausging, oder weil wir noch einen wichtigen Termin haben, so lernt das Pferd eine entscheidende Lektion in Sachen Menschenkunde: Halte ihn lange genug hin, und er gibt auf. Menschen sind Aufgeber, irgendwie, wird es lernen.

Und wenn es Mitternacht wird und wir mit Hilfe der Ortsfeuerwehr die Herde in den Stall treiben müssen. Wir MÜSSEN unser Pferd fangen, sonst fangen wir es nie mehr.

Am Halfter

Haben wir nun endlich unser Pferd an Halfter und Führstrick hängen, marschieren wir zum Tor, das wir öffnen und wo wir uns und unser Pferd unter Zurücklassung des aufgeregt mitgetrabten Busenfreunds durchbugsieren. Wir haben bereits eine gute Lektion Pferdekunde gelernt und unser Pferd an unserer Seite geführt, ohne daß es uns zur Herde zurückzerrte oder uns auf die Füße oder Sporen (Wir vergaßen wieder einmal, sie abzulegen, sakra) trat. Wir haben bewiesen, daß wir zwar nicht gefährlich sind, daß aber gegen uns kein Kraut gewachsen ist.

Ground-Tying...

Unser Pferd mußte am Strick stehenbleiben, wenn wir wollten. Das hatten wir vorher auf dem Reitplatz und im Hof öfter üben müssen. Denn unser Pferd wollte mit uns an der Leine vorwärtsstürmen, uns mitschleppen. Es wollte uns nicht richtig ernst nehmen. Wir konnten aber unsere Führungsrolle klar unter Beweis stellen, indem wir nicht sinnlos herumschrien oder -fuchtelten, sondern jegliches Ziehen am Strick vermieden haben. Wir bremsten unerwünschten Vorwärtsdrang mit ausreichend starken, kurzen Zupfern an der Leine ein, manchmal sogar überraschend zweihändig nach hinten-unten-seitwärts, sodaß wir das Pferd fast ein bißchen aus der Balance brachten, wenn es nicht auf

uns hören wollte. Wir handelten immer nach dem Prinzip „annehmen, nachgeben; annehmen, nachgeben", bis die gewünschte Reaktion erfolgte. Und unser Pferd konnte sich nie auf unsere Hand legen, um sich so seiner Kraft bewußt zu werden. Ein wichtiges Prinzip nicht nur des Westernreitens! Sobald unser Pferd auch nur ein bißchen das tat, was wir von ihm verlangten, gaben wir als Belohnung nach, legten immer wieder eine Atem- und Nachdenkpause ein, lobten, tätschelten.

Zuerst mußten wir mit einer Führkette operieren, die wir so ins Halfter einhängten, daß die Kette auf dem knochigen Nasenrücken

verläuft, nicht unter dem Kinn. Denn wir wollen, daß unser Pferd auf jeden auch nur leisen Druck hin die Nase einzieht. Warum das so wichtig ist, diskutieren wir noch später. Wir wollen auf keinen Fall, daß unser Pferd auf Zügeldruck hin die Nase hochreißt. Wir zogen uns Lederhandschuhe an. Wir konnten unser Pferd beeindrucken. Kette und Handschuhe wurden bald überflüssig. Wir gingen auf einen gut in der Hand liegenden Baumwollstrick über. Auf das Wort „Whoa!" oder „Ho!", das wir immer leiser sprechen konnten, blieb es bald willig stehen, sodaß der Leinenruck immer schwächer wurde. Das Pferd achtete auf unsere Körpersprache, die ihm „Whoa!" signalisierte. Und

...ist unterwegs immer wieder nützlich.

noch andeutungsweise, ohne tatsächliche Berührung.

Bald können wir in der freien Hand eine Tasse Kaffee halten, ohne angeschüttet zu werden. Wir beobachten mit Interesse, wie andere ihre Rösser „führen", als hätten sie vierbeinige Eisenbahnwaggons an der Leine, die eine halbe Reithoflänge zum Ausrollen brauchen und häufig aus der Spur kommen. Wir haben beim Stehen und Führen kaum mehr Gewicht als das des Seils in der Hand. Wir sind dahin gekommen, daß wir zart mit unserem Pferd umgehen können. Ein Zeichen guten Horsemanships. Eine Frucht freundlicher Beharrlichkeit. Im Vergleich zu unserem Pferd verfügen wir nur über ein bißchen Stärke. Dieses Bißchen verstanden wir im rechten Moment zu nutzen.

unser „Whoa!" wurde bald auch überflüssig. Das ging nicht in ein oder zwei Tagen. Wir gaben nie auf, wenn unser Pferd sich als bockig erwies. Wenn es zurückzog, gaben wir nach, es zog ins Leere, wir nahmen die Kette wieder an, tippten mit einer Gerte in der freien Hand die Kruppe zum Vorwärtsgehen an, falls nötig.

Beharrlich zum Erfolg

Und unser Pferd freute sich immer wieder auf seine Belohnung, nämlich auf das Aufhören der Hilfe. Und wir beendeten die kurze Tageslektion immer mit etwas Erfolgreichem. Pferd und Mensch konnten zufrie-

den aufhören. Unser Pferd lernte geduldig neben uns zu stehen, ohne den Kopf in die Höhe zu reißen oder hinunter zu saftigem Grün. Wir können uns nun mit unserem Pferd an der Hand bequem mit anderen Reitern unterhalten. Wir dulden dabei nicht, daß es sich derb - es wiegt schließlich sechs- bis zehnmal soviel wie wir - an uns reibt oder auf der Suche nach der Zuckertasche uns beknabbert. Freundlich, aber bestimmt und unwiderstehlich, tippen wir den Kopf beiseite, stellen wieder Ordnung her, bringen das Pferd mittels Antippen mit den Fingerspitzen und klickenden Lauten in seine Ruheposition. Wir geben nie auf. Das Antippen mit den Fingerspitzen erfolgt bald nur

Ground-Tying und Konsequenz

Bald können wir beim Stehen wie beiläufig das Führseil zu Boden gleiten lassen, unser Pferd steht und döst. Wenn nicht, schreiten wir ein und bringen unser Roß in die Ausgangsstellung. Bald können wir uns ein wenig vom Pferd entfernen, es langsam umkreisen. Unser Adlerauge ruht auf ihm. Will unser Pferd sich aus dieser Ground-Tying-Position davonmachen, stoppen wir es durch ein bestimmtes „Whoa!" –

und stellen die Ordnung wieder her. Das alles mag vorerst anstrengend und vielen Leuten nicht wirklich wichtig erscheinen, rechnet sich aber auf 10, 20, 30 Jahre Pferdeleben aufgeteilt sicherlich.

Wir lassen uns beim Führen niemals in die Box zerren, dulden niemals, daß das Pferd sich mit uns nach Pferdeart durch eine Tür drängt. Wir führen. Nie das Pferd. Es geht keinen einzigen Schritt, den wir nicht wollen. Das ist nicht kleinlich, sondern macht ein Pferd angenehm. Bei solcher Konsequenz wird es uns bald ein leichtes sein, ein Rückwärtsrichten zu erwirken. Und falls wir Geschmack an der Bodenarbeit finden, können wir auch so gut wie alle Trailaufgaben an der Hand bewältigen. Doch wir vergaßen dabei nicht, daß wir nichts, aber auch schon gar nichts, unternehmen dürfen, das wir nicht durchsetzen können. Wenn wir später auf dem Pferd sitzen, verfügen wir über wesentlich mehr Möglichkeiten, dem Pferd unsere Wünsche zu übermitteln, da durch den engen Körperkontakt die Kommunikation weitaus besser klappt. Deshalb stehen die Erfolgschancen zum Beispiel bei Trailaufgaben viel besser, wenn man im Sattel sitzt.

Wir haben also auf dem Trailplatz nie ein Sidepassing, d. h. Seitwärtsrichten, über Stangen ver-

Bei unsicheren Anbindebedingungen bewährt sich eine Heuschnur.

langt und dabei gesehen, daß wir nur einen Stangensalat produzierten, weswegen wir frustriert-ohnmächtig aufhörten. Unser Pferd hätte eine für uns folgenschwere Lektion für sein Leben gelernt. Wenn wir in eine Situation gerieten, wo wir sahen, daß wir nicht zum Ziel kommen, so haben wir uns zumindest mit einem ansatzweisen Erfolg zufrieden gegeben, um unser Gesicht zu wahren. Wir haben Mißerfolge nie oder nur selten riskiert, um unser Ansehen bei unserem Pferd auch kein

bißchen anzukratzen. Denn unser Pferd hätte sich durch Überforderung in die Enge getrieben gefühlt und sich berechtigterweise gewehrt. Einen Kampf zu provozieren, ist aber unklug, vor allem, wenn man ihn verliert. Wir haben einen wichtigen Grundsatz in der Pferdeausbildung beachtet: Wir tasteten uns Schritt für Schritt vor, und das Pferd zeigte uns, ob es für den folgenden, weiteren Schritt bereit war.

Das dauert zu lange? Als (Western)freizeitreiter verfügen

Mit Hobbles kann unser Pferd unterwegs zwischendurch weiden.

wir über eine Menge Zeit, nämlich über ein Pferdeleben lang. Husch-Pfusch-Methoden im Pferdetraining bringen nur Kopfweh und letztlich Kosten für neue Pferde und deren Ausbildung. Als wettbewerbsfreie Reiter haben wir uns im Gegensatz zu Profibereitern, die von mehr oder weniger ahnungslosen, kostenbewußten Kunden gedrängt werden, an keine Fristen gebunden. Unseren Zeitplan gibt unser Pferd vor. Wir erfühlen, ertesten, ob wir weiterkönnen.

Anbinden

Da auch das besterzogene Pferd sich, wenn unbeobachtet, früher oder später aus seinem Ground-Tying verabschiedet und eigene Wege geht, während sein Mensch sich im Saloon stärkt, zeigten wir ihm, daß Angebundensein nichts Existenzbedrohendes bedeutet. Also auch diese Schulung unseres Pferdes hat mit der Kanalisierung seines Fluchtinstinkts zu tun. Wenn wir unser Pferd anbinden, dokumentieren wir ihm gegenüber deut-

lich unsere Dominanz, weswegen das Anbinden bei allen seriösen Bereitern einen wesentlichen Stellenwert einnimmt. Durch das Anbinden mußte unser Pferd lernen, sich mit Geduld zu wappnen, denn es mußte oft und lange warten, durfte nicht scharren und zerren, was wir, daneben stehend, mit Worten und einem Gertentipper rügten, immer geduldig, immer ruhig, immer unnachgiebig, immer freundlich.

Der ideale Platz, um ein Pferd anzubinden, sind 80 cm tief im Erdreich einbetonierte Pfähle, durch einen Querbalken verbunden. Dimension bei Holz: cirka 18 cm. Die Konstruktion sollte massiv genug sein, daß sie auch von einem PKW nicht weggezogen werden kann. Denn ein in Panik geratenes Pferd entwickelt mehr als nur ein PS und kann leicht die meisten handelsüblichen Führstricke, Halfter, Halsriemen und Karabiner zerreißen. Und wenn diese halten, steht einem eventuellen kleinen Amoklauf mit einem großen Balken am Strick nichts im Wege. Ein Freund berichtete mir von einer solchen „action", die erst endete, als sich der Balken in den Fenstern zweier Autos verkeilt hatte...

Der Platz für die Vorderfüße des angebundenen Pferdes sollte betoniert sein, damit es nicht aus

Langeweile Löcher scharrt, für die Hinterbeine wäre Erdboden gut, damit es mit den Hufen beim Zerren nicht wegrutscht und sich ernsthaft an Genick und Gelenken bis zur dauerhaften Unbrauchbarkeit verletzt. Da ideale Anbindevorrichtungen nur in den wenigsten Ställen existieren, obliegt es uns, beim Anbinden mit viel Augenmaß vorzugehen. Denn wir wisssen, daß ein Pferd, welches sich einmal losgerissen hat, dies immer wieder versuchen wird. Denn die Freiheit vergißt man nicht. Ein Pferd, das im Begriff ist, sich loszureißen, kann man auch mit Schlägen nicht mehr davon abhalten. Da hilft nur noch rasches Öffnen des Panikknotens oder -hakens, falls man dazukommt.

Alternativen für unsichere Anbindekandidaten gibt es weniger als fragwürdige Gewaltkuren von Brutaloexperten. Sehr preiswert und effektiv: Eine Heuballenschnur. Sie ist stark genug, um den Kopf eines ordentlich ausgebildeten Pferdes zu halten. Der Führstrick wird ohne Knoten um den Balken gewickelt. Falls Reißgelüste das Roß überkommen, passiert nichts. Der große Befreiungsakt wird mit dramatischer Geste durchgeführt. Die Schnur reißt, das Pferd steht verdutzt da, weil alles so leicht ging, und wird wieder angebunden. Die kalifornischen Old-Time-Vaqueros wickelten den Roßhaarführstrick (die Mecate) ihrer

Der Freizeitreiter: Immer zu lernen bereit.

schönen Zäumungen ohne Knoten um den Anbindebalken, um Angebundenheit vorzugaukeln. Zusätzlich hobbelten sie das Pferd. Das funktioniert vorzüglich.

Hobbles

Bereits die ollen Assyrer fesselten die Vorderbeine ihrer Pferde. Hobbles können unterwegs mächtig nützen, wenn man keinen geeigneten Platz zum Anbinden findet und sein Roß

dennoch gesichert wissen möchte. Wir Westernfreizeitreiter haben sie daher gern stets an unserem Sattel hängen. Zur Ausbildung: Wir stecken eine Menge Leckerli, Brot und die Hobbles ein, schützen die Vorderbeine unseres Pferdes mit Bandagen oder Gamaschen und führen es auf eine pferde- und menschenlose Wiese, wo es notfalls stürzen kann, ohne sich zu verletzen. Unser Pferd kann bereits ohne Hobbles ruhig stehen. Wir stellen es hin, loben es freundlich und geben ruhig die Hobbles über die vorderen Röhrbeine, schließen die Schnalle nicht völlig und loben unser braves Pferd und spendieren Leckerbissen, streicheln. (Sollte das Pferd wider Erwarten hektisch reagieren, öffnen wir die Hobbles sofort, bevor es zu Rodeoszenen kommt, die uns und unserem Pferd leidtun.)

Das Pferd soll die an sich unangenehme Eindämmung seiner Fluchtmöglichkeit mit etwas Angenehmem assoziieren. Wir nehmen die Hobbles ab, gehen ein wenig herum, hobbeln wieder, loben, schmeicheln, geben Brot, nehmen die Hobbles ab und schicken unser Pferd nach weiterer reichlicher Belohnung in den Stall oder auf die Weide. Fleißiges Wiederholen sichert solide Ergebnisse. Bei dieser nicht ungefährlichen Übung haben wir vermieden, daß sich jemand in unserer Nähe befindet, der uns auf die Nerven geht und/oder gute Tips gibt, die wir nicht wirklich brauchen. Schlechte Stimmung bringt schlechte Resultate. Unser Pferd spürt unsere schlechte Stimmung schneller als wir selbst.

Mit den Hobbles gefesselt, entwickeln manche Pferde große Geschicklichkeit, sich auf der Hinterhand rollbackartig herumzuwerfen und fortzuhüpfen, um neue Futterplätze aufzuspüren. Wir

Fluchtinstinkte ausnützen: Hurtiger Galopp auf einer Trabrennbahn.

haben deshalb stets ein wachsames Auge auf unser gehobbeltes, grasendes Pferd gerichtet, damit es sich nicht in Gefahr oder aus unserer Reichweite begibt.

Gute Tips als Dominanzgeste

Übrigens: Gute-Tips-Geber frönen ihrer Leidenschaft in fast jedem Stall. Mit sicherem Instinkt wählen sie den Augenblick, in welchem ihr Opfer ihnen am wenigsten entgegenzusetzen hat, da es z. B. gerade auf einem buckelnden Pony sich auf die Erhaltung des nötigen Gleichgewichts konzentrieren muß oder das Pferd nicht und nicht in den Hänger will. Es gilt daher für uns herauszufinden, ob der Tipgeber wirklich was

drauf hat und wir von ihm lernen können bzw. wollen oder ob er zur großen Zahl derjenigen gehört, die ihr Manko an Horsemanship hinter einer aufgeplusterten Verbalfassade verbergen. Das Gute-Ratschläge-Geben scheint mir in der Reiterei eine weiter verbreitete Krankheit als in anderen Sportarten.

Man gebe sich nur ja nie öffentlich ratlos. Läßt man sich gar auf das Risiko einer Frage ein, so kann man sicher sein, für die nächsten 30 Jahre tonnenweise Ratschläge unaufgefordert frei Haus geliefert zu bekommen. Oder wenn unser Pferd einmal lahmt: Welch Überschwang an Expertisen und Fachwissen prasselt auf uns nieder! Als Freizeitreiter gehören wir zu den potentiellen

Opfern der Tips-Geber, rangieren wir doch in den Augen der Turmierreiter ganz weit unten. Doch wir wollen schließlich reiten und nicht mit den Leuten herumstreiten. Die eleganteste Methode, den penetranten Tipgeber abzuwimmeln, ist, ihn zu ignorieren. Seine Weisheiten verpuffen dann in der Weite des Nichts. Sollte uns dennoch ein „Ich dachte, Sie haben nur reiterliche Probleme…" herausrutschen, müssen wir der Liste unserer Feinde wohl oder übel einen hinzufügen. Als Reiter sind wir ohnehin daran gewöhnt, mit Schwierigkeiten zu leben. Vom Standpunkt der Verhaltensforschung aus betrachtet, gehört derartiges Gute-Tips-Geben zu den Dominanzgesten. Der Tip-Geber möchte seinem Opfer keineswegs helfen. Sein Ziel ist es, sich in der Sozialhierarchie über sein Opfer zu erheben oder seine höhere Position auszubauen. Gute-Tips-Geben bildet einen Bestandteil des Rangordungsrituals.

Desensibilisierung: Einblick in die Seele

Die Schreckhaftigkeit von Pferden ist auch weniger Kundigen allgemein bekannt. Aus dem Winkel seiner Panoramaaugen erkennt das Beutetier Pferd etwas, das vielleicht ein Räuber sein könnte, der es fressen will. Es springt weg, ohne zu überle-gen, und überprüft erst im nachhinein, ob seine Fluchtreaktion begründet war, eine Verfahrensweise, die sich im Verlauf der Jahrtausende, bevor der Mensch das Pferd domestizierte, als überlebenssichernd bewährte. Das Pferd ist zur raschen Flucht gebaut, körperlich wie geistig. Als Reiter nützen wir diesen Fluchtreflex aus, indem wir das Pferd unserem Körpergewicht, unseren Beinen, Füßen, Sporen, Händen weichen lassen. Wir kanalisieren den Fluchttrieb, veredeln ihn, steuern ihn, lenken ihn. Wir helfen damit uns. Wir helfen damit aber auch unserem Pferd, in der modernen Welt unversehrt zu bleiben.

Nun wäre dieser Fluchtreflex des Pferdes an sich nicht etwas derart Gefährliches für den Menschen, gliche die Erde überall der ungarischen Puszta oder argentinischen Pampa, wo es uns nicht zu sehr kümmern würde, ginge unser Pferd mit uns auf dem Rücken einen Kilometer durch, solange wir im Sattel bleiben und nicht an etwaigen Bäumen abgestreift werden. In unserer kleinkarierten, mit Zäunen peinlichst portionierten Welt, die von Rasen mit Betretungsverbot, Äckern, Gräben, Betonmauern, rasenden Autos, Schildern, Leuten mit Pferdeangst und -haß, grölenden Motorrädern etc. nur so wimmelt, wird der lebensbewahrende Fluchtinstinkt für das Pferd manchmal zum Todestrieb. Ein Pferd zieht meist den kürzeren, wenn es blind vor Angst in eine Hauptstraße rennt und von einem Autofahrer gerammt wird, der, blind vor Geschwindigkeitsgier, das Recht der freien Fahrt für freie Bürger wahrnimmt. Der ungezügelte Fluchtinstinkt des Pferdes ähnelt in seiner Wirkungslosigkeit heute in gewisser Weise dem Einigelinstinkt des Igels auf Autostraßen.

Vom Plastikfetzen bis zum knallenden Jäger

Wir können unserem Pferd helfen, die Reize, welche unsere Zivilisation zu bieten hat – vom großen Plastikfetzen bis zum knallenden Jäger – ruhig zu tolerieren. Für uns Menschen wirkt der Fluchttrieb des Pferdes schwer verständlich, und wir reagieren oft ärgerlich darauf, schreien sinnlos herum und steigern die Angst unseres Freundes. Vielleicht neigen wir auch deshalb dazu, dem Fluchtwillen aggressiv zu begegnen, weil dem Raubtier Mensch anerzogen ist, Flucht als feige und damit verächtlich zu empfinden. So scheinen Primitivreaktionen von der Sorte „Na, hab dich nicht so, du Esel!" verständlich. Das Pferd denkt anders. Flucht ist für es Ausdruck der Stärke. „Ha, ich bin stark, ich kann flüchten, denn ich habe massenhaft Hafer gefüttert bekommen! Mich holt keiner ein!"

denkt vielleicht das opulent gehaltene, aber ungeschulte Pferd stolz.

Apropos Denken: Unser Pferd denkt anders als wir Menschen. Wenn wir, zum Beispiel, an einer Brücke vorbeireiten, und das Pferd scheut dort vor einem glitzernden Schatten darunter, so kann es uns passieren, daß wir „den blöden Gaul" gereizt beschimpfen und schlagen, mit dem Sporn hart zur Brücke hindrängen. Pferde denken dann assoziativ „Wenn ich bei dieser Brücke vorbeigehe, tut das weh, ich weiche besser aus" , womit sie ja auch irgendwie recht haben. Beim nächstenmal wird es sich vor der Brücke noch mehr schrecken. Unsere richtige Reaktion muß also sein: Anhalten, dem Pferd in Ruhe zeigen, was es vermutlich ängstigend findet; es muß sich überzeugen können, daß keine Gefahr besteht. Dann können wir weiterreiten. Unser Pferd wird uns, seinem Chef und Freund, dankbar sein, daß wir ihm bewiesen haben, daß seine Bedenken unbegründet waren. Beim nächstenmal werden wir die Brücke ohne Probleme passieren.

Pferd unter der Käseglocke

„Wenn mein Pferd ein Fluchttier ist, so bewahre ich es am besten vor jedem Schrecken, damit nichts

Böses passieren kann", meinen andere Pferdeleute. Deren Einstellung wirkt sich mindestens ebenso katastrophal auf Rösser aus wie die der Pferdeprügler. Ein Pferd, das jeder Aufregung ferngehalten wird, entwickelt sich zum Nervösling und Psychopathen mit immer niedriger werdender Reizschwelle. Wir bewahren unser Pferd vor hupenden Autos? Es wird sich bald vor deren Motorgrollen fürchten. Wir bewahren es also auch davor? Es wird sich bald vor stehenden Autos fürchten... Es wird sich in der käseglockenartigen Reizisolation schließlich sogar eigens Dinge und Situationen suchen, vor denen es sich ängstigen kann. Vor diesem Hintergrund betrachtet, haftet der weihevollen Stille bei Dressurturnieren eine gewisse grausame Komik an. Den Vogel in dieser Richtung schoß wohl ein Dressurturnierveranstalter ab, der einem Mann mit Cowboyhut den Eintritt in seine Halle verwehrte. Der verdutzte Hutträger wurde belehrt, daß Pferde sich vor so großen Kopfbedeckungen schrecken. Meine Frau wurde von einem „Kavalier" forsch angeschnauzt: „Sie, tun Sie Ihre Klingelsporen herunter, mein Pferd kriegt ja Angst!" Auch ich selbst kam andernorts nicht ganz ungeschoren davon, wo mir ein verzweifelt im Sattel klemmender Herrenreiter wütend an den Kopf warf, daß sein King-Size-Warmblüter sich

vor der Kandare(!) meines Pferdes fürchte... Die edle Leserschaft möge bitte nicht glauben, dies sei die Krone tierverachtender Absurdität: Besagter Herrenreiter wagt sich neuerdings sogar auf ein Ausrittchen, wobei er sein Roß mit Scheuklappen der Größe 12 mal 12 bestückt! In den eben beschriebenen Fällen kommt natürlich auch das mangelnde Vertrauen des Pferdes in die Führungskompetenz seines Reiters zur Geltung: Wenn der Chef nicht zuverlässig führen kann, ist das klarerweise zum Fürchten. Schließlich vertrauen wir uns doch auch nicht unfähigen Hilflosen an.

Pferde-nervenstärkung

Die Western- und Freizeitreiter bedienen sich deswegen zwecks Pferdenervenstärkung seit jeher – wie alle Gebrauchspferdeleute vergangener Zeiten – zielführender Desensibilisierungstaktiken. Es dürfte hoffentlich wohl nur eine Frage der Zeit sein, wann auch vernünftige Leute auf dem Gebiet der „klassischen" Reiterei ihre Pferde auszusacken beginnen, um den armen Tieren sinnlose Ängste zu nehmen.

Dabei geht die Sache denkbar einfach vonstatten: Wir bewaffnen uns mit Zeit, guter Laune, Geduld, einem Mantel, Plastiksäcken und verschiedensten Lärminstrumenten, einem Blechtablett, einem potenten Radio etwa, einem Staubsauger , einer Bohrmaschine...(der Kreativität sind hier keine Grenzen gesetzt). Ferner schleppen wir reichlich Leckereien in Form von Brot, Karotten, Äpfeln etc. herbei. Grundsatz: Wir beweisen dem Pferd unter angenehmen Umständen, daß die meisten Dinge, vor denen es sich fürchten möchte, grundsätzlich ungefährlich sind. Solches Training zahlt sich in jedem Alter des Pferdes aus, beim Jungpferd wirkt es dauerhafter.

Beim Putzen konnten wir unser Pferd bereits überzeugen, daß unsere Hände und Bürsten ihm nichts anhaben. Auch die Berührung mit der Gerte sowie mit dem Führseil am ganzen Körper hat es akzeptiert. Damit können wir im Reithof z. B. auf dem Reit- oder Anbindeplatz beginnen. Anwesendes Publikum kann nicht schaden. Es gibt unter den zeitgenössischen Reitern übrigens noch immer genug Leute, welche gerade die so wichtige Aussackprozedur mit Kopfschütteln als klaren Beweis für die Unseriosität und Verspieltheit der (Western)freizeitreiter betrachten. Unter großzügiger Verabreichung von Leckereien, Lob und Streicheleinheiten belohnen wir Freund Pferd für seinen Mut bei der Berührung mit dem an seinen Körper schlagenden Mantel bzw. Nylonsack.

Vertrauen gegen Vertrauen.

Hüpft unser Pferd weg, so holen wir es wieder herbei, berühren es erneut mit dem angsterzeugenden Gegenstand, lassen es daran schnüffeln, spendieren Leckereien. So arbeiten wir uns bis zu den Ohren vor, einem sehr sensiblen Bereich, und haben dann ein Pferd, das sich einen Mantel, ein großes Leintuch oder eine große, knusprige Plastikfolie problemlos über den Kopf hängen läßt, ohne mit der Wimper zu zucken.

Ein nicht zu unterschätzender Aspekt: Derartige Gelassenheit überträgt sich (mit Einschränkungen) auch auf andere Situationen, etwa beim Reiten durch eine belebte Stadt oder auch einfach nur auf der Koppel, wo unser Pferd dann nicht gleich wegen jeder Kleinigkeit einen Hyperfluchtanfall kriegt, sich Sehnenzerrungen holt und den

Zaun ruiniert. So gesehen bringt es auch Vorteile, wenn sich die Pferdekoppel an einer stark befahrenen Hauptstraße befindet. Ein Pferd muß alles sehen, was es gibt. Wenn wir beim Ausreiten an einer Baustelle vorbeikommen, gilt es nicht, ängstlich auszuweichen, sondern sofort jede Anspannung mit Zügeln und Beinen zu unterlassen und unserem prustend-schnaubenden Roß Bagger, Preßlufthämmer, Kompressoren, Mischmaschinen, Straßenwalzen als etwas völlig Harmloses zu präsentieren. Wir können verständnisvolle Bauleute, die netterweise ihre Geräte abschalten, bitten, mit dem Krawall zu kontinuieren. Freund Pferd kriegt Streicheleinheiten auf den Hals und kann beruhigt von dannen marschieren. Sein Chef-Freund hatte recht: Da war tatsächlich nichts Gefährliches, eine Flucht hätte sich nicht ausgezahlt.

Doch zurück zum Stall: Wir lassen neben unserem Pferd ein Blechtablett klirrend zu Boden fallen, unsere Körpersprache drückt keinerlei Anspannung oder Erwartung aus. Wir stellen Freund Pferd, dem das nicht so ganz koscher schien, wieder korrekt auf und wiederholen, loben, füttern, bis ihm auch das laute Blechzeug egal ist. Wir setzen nach Belieben fort. Nehmen wir jetzt vielleicht ein Elektrokabel. Lassen wir es beschnuppern, schleifen wir es um unser Pferd auf dem Boden herum (ohne daß es zu verhängnisvollen Verhedderungen kommt). Ziehen wir ihm das Kabel über Rücken und Hals. Holen wir einen Staubsauger mit furchterregendem Schlangenschlauch. Es folgt das Übliche: Präsentation des

Güte ausstrahlen wie Jean Claude Dysli · und das Pferd fühlt sich sicher.

Angsterregers sowie folgende Überzeugung von seiner Harmlosigkeit. Wenn wir den Staubsauger einschalten, verfahren wir nach dem gleichen Modus.

Manche Pferde brauchen eine größere Dosis Aussacken, manche eine kleinere. Manche brauchen diese Dosis öfter und immer wieder. Bei manchen genügen einige Nachmittage.

Satteln

Zur Kategorie Desensibilisierung gehört auch das Satteln. Wir legen in freundlich-entspannter Atmosphäre unserem Pferd ein Pad auf den Rücken, belohnen, loben, führen herum, legen ein bis zwei Decken dazu, nehmen sie wieder herunter, spazieren herum, als wäre nichts. Nie drückt unsere Körperhaltung gespannte Erwartung aus. Alles passiert eher nebenbei. Wir legen wieder ein Pad auf, haben unser Pferd angebunden, gehen irgendwelche anderen Sachen im Stall erledigen, kommen zurück, loben und legen einen Sattel auf, vielleicht einen Englisch-Sattel, weil der weniger wiegt und leichter appliziert werden kann. Die Steigbügel sind verwahrt, um unser Pferd damit nicht sinnlos zu beunruhigen. Wir hören für heute auf und machen morgen die spannendere Sache, nämlich das Gurten.

Nach gemütlichem Einleitungsgeplänkel haben wir das Pferd an der Hand und ziehen den Gurt an, wobei wir Leckereien spendieren. Wenn wir allein arbeiten, haben wir das Führseil locker im Gürtel stecken. Wir ziehen nur so fest, daß eventuell blitzschnell nach dem Gurt schlagende Hinterbeine sich nicht darin verfangen können. Mit diesen Hinterbeinen trachten wir tunlichst nicht in Kontakt zu kommen. Wir lassen uns auch nicht in den Rücken beißen. Die Prozedur des Gurtanziehens gehört für ein Pferd verständlicherweise zu den stressigen Punkten. Stellen wir uns vor, jemand legt uns einen Rucksack auf. Das geht ja noch. Aber daß uns dann dieser Jemand den Brustkorb mit einem Riemen zusammenschnürt, das wirkt beklemmend. Also gehen wir sanft vor und ziehen den Gurt immer nur mit Augenmaß an. Sonst haben wir ein Pferd, das sein Leben lang beim Satteln gewohnheitsmäßig Protestaktionen startet. Gerade beim Westernsattel, wo wir mit Flaschenzugwirkung arbeiten, läßt sich die Festigkeit leicht übertreiben. Es besteht aber keinerlei Grund, unser Pferd mit dem Gurt entzweizuschneiden. Wie immer schließen wir die Übung mit Leckereien ab und schicken unser Pferd in den Stall oder auf die Koppel. Nach ein paar Tagen läßt sich unser Pferd problemlos satteln.

Losreiten

Unser Sitz.

Unsere Hände.

Ist unser Pferd körperlich reif genug, besteht kein Grund, nicht in den Sattel zu klettern und die Ausbildung von dort aus fortzuführen. Schließlich können wir aufgrund des engen Körperkontakts wesentlich besser mit unserem Pferd kommunizieren als vom Boden aus.

Überdies werden durch stümperhafte Bodenarbeit mehr Pferde verdorben als durch Reiterei, wie wir überall sehen. Wer beim Führen an der Hand seinem Pferd gegenüber bereits das Gesicht verloren hat und nicht mehr über die nötige Kontrolle verfügt, kann mit Sicherheit spannenden reiterlichen Abenteuern entgegensehen und im Reiter-Saloon oder Krankenhausbett staunendem Publikum von wilden Durchgeheskapaden berichten. Wer sein Roß wie einen kalibrigen Schwertfisch an der Angel um sich longiert und gerade noch irgendwie mit der Zentrifugalkraft fertig wird, graviert die menschliche Hilflosigkeit gegenüber tierischer Kraft tief ins Pferdehirn ein.

LONGIEREN

Longieren ist etwas für Könner. Es ist keine Behelfslösung für reiterliche Inkompetenz. Longieren ist nicht einfach nur das Pferd im Kreis um sich zu treiben, die Kruppe nach außen driften zu lassen, sodaß die Vorhand noch mehr Last übernehmen muß und unser Pferd nachhaltige Lektionen im Schiefgehen erhält. Wenn wir unser Pferd effizient und ohne unerwünschte Nebenwirkungen longieren wollen, brauchen wir solides Knowhow, auch wenn wir über den wunderbaren Vorteil eines Rundkorrals verfü-

gen sollten. Vor allem intelligente Pferde lassen sich nicht gern sinnlos im Kreis herumtreiben. Wenn wir nicht wirklich fachmännisch longieren bzw. unser Pferd im Rundkorral arbeiten können, richten wir wesentlich mehr Schaden an, als wenn wir uns in den Sattel setzen. Derartige Fehler bilden den Nährboden für nachfolgende Probleme, deren auch Profis oft nur schwer Herr werden. Also beweisen wir gegenüber unserem Pferd immer Kompetenz und verlieren nie das Gesicht. Denn zu den hervorstechendsten Merkmalen der geistigen Fähigkeit des Pferdes gehört sein fabelhaftes Gedächtnis. Es merkt sich für immer, wann wir wo welche Schwächen zeigten.

Mit Methode in den Sattel

Den Reiter im Sattel muß unser Pferd erst einmal dulden. Wir müssen ihm die Angst nehmen, daß ein Raubtier sich auf seinen Rücken setzt und sich darin verbeißt. Wenn wir unser Pferd von einem anderen aus an der Hand führen, können wir uns schon über es beugen, auf den Sattel drücken und an das Gefühl, den Menschen über sich zu haben, gewöhnen. Wenn wir aufsteigen, hält uns ein Helfer das Pferd an Zaum, Hackamore oder Halfter. Wir tun zunächst so, als ob wir aufsteigen würden, legen uns ein bißchen

über den Sattel, setzen uns dann, wenn die Sterne gut stehen, vorsichtig in den Sattel. Beim Aufsteigen auf ein Pferd nehmen wir mit der Linken immer ein gutes Stück Mähne und die Zügel in die Hand. Der rechte Zügel könnte kürzer sein als der linke. Auf diese Weise kann uns das Pferd nicht beißen und, wenn es losgeht, dreht es sich zu uns hin. Unser rechtes Bein streift nicht die Kruppe.

Wir dulden keinesfalls, daß unser Pferd beim Aufsteigen losgeht. Das sieht lächerlich aus und ist gefährlich. Bei einem Turnierpferd mag so etwas egal sein, es zählt nur das, was in der Arena geschieht. Bei einem Freizeitpferd aber, das uns ein verläßlicher Partner sein soll, ist ein derartiger Ausbildungsfehler unentschuldbar.
Wir üben so lange, bis unser Pferd gelernt hat, ruhig zu warten, bis wir uns im Sattel zurechtgesetzt, die Füße in den Steigbügeln und die Zügel aufgenommen haben. Beim ersten Aufsteigen müssen wir noch nicht ganz so streng sein. Doch wenn uns unser Pferd einmal auf dem Rücken duldet, fordern wir das ruhige Verweilen konsequent ein, notfalls unter Zuhilfenahme einer Reitplatzecke oder eines Zauns.

Nichts an uns drückt beim ersten Aufsteigen Anspannung oder Furcht aus. Wenn wir jetzt runterfallen, haben wir ein sehr gefährliches Tier gezüchtet. Unser Helfer am Führseil dämpft bzw. verhindert ein eventuelles Rodeo. Wie immer sind Streicheleinheiten, Lob und Leckereien eine gute Investition. Unser Pferd soll, wie bei allem, was es neu lernt, assoziieren: „Ha, angenehme Sache; ich habe zwar noch ein bißchen Probleme, das Gewicht meines Reiters auszubalancieren, aber den Kopf kostet mich das sicher nicht, man ist doch bisher immer nett mit mir umgegangen; ich spiele eben mit, mich interessiert das."

Der günstigste Ort, an dem wir unser Pferd erstmals besteigen, ist ein Rundkorral. Hier wird dem Pferd auch durch die Kreisform klargemacht, daß Flucht nicht erfolgreich sein kann. Es muß sich daher auf uns und das, was wir von ihm wollen, konzentrieren. Daher gehört ein Rundkorral zu den tollsten Ausbildungshilfen für jedes Pferdetraining. Da das Pferd vor allem am Zaun lang läuft, dürften solide Chaps zur Schonung von Jeans und Reiterhaut sich vorteilhaft auswirken. Am zweitbesten funktioniert ein eingezäunter Reitplatz bzw. eine Halle. Ein Reitplatz ohne Zaun oder eine simple Wiese erfüllen den Zweck auch. Doch steht dem Pferd im Falle von Meinungsverschiedenheiten immer eine Fluchtmöglichkeit offen. Und schließlich sei nicht unerwähnt, daß schlichte, ungeschotterte Feld- und

Waldwege als Pferdetrainingsstätte ihren Zweck hervorragend erfüllen können. Sogar im Winter, wenn der Boden von Reitplätzen gefroren ist, erlaubt ein mit Laub bedeckter Waldweg ordentliches Pferdetraining. Liegt Schnee, so kann man sich einen Weg zu einem Hochsitz suchen. In der Nähe der Hochsitze befinden sich häufig die Wildfütterungsstätten, welche auch in der Schonzeit bedient werden. Derartige Wege werden häufig von allzu tiefem Schnee befreit, da der moderne Jäger sich zum Zwecke der Annäherung an den Ort seiner Hobbyausübung in Zeiten wie diesen meist des Autos bedient. Man sieht: Sogar außerhalb von Reitbetrieben steht uns das ganze Jahr über eine Trainingsmöglichkeit zur Verfügung. Wir brauchen uns und unser Pferd nicht versumpfen lassen.

Und wie sitzen wir Westernfreizeitreiter?

Locker, entspannt, bequem, ungezwungen, unabhängig. Wir sitzen so, daß es uns leichtfällt, ein fröhliches Gesicht zu machen. Ernst, Würde, Wichtigkeit brauchen wir nicht vorzutäuschen. Das überlassen wir anderen. Denn Westernfreizeitreiten muß letzten Endes lustbetont, lässig und leicht wirken, für den Betrachter und für uns. Unser Sitz

Sitz: ohne Verspannung.

entspricht in etwa dem, den die klassische Reitkunst verlangte, als sie noch klassisch war. Es verblüfft, daß der Sitz, wie wir ihn auf den Stichen der alten Meister sehen, weitgehend dem Gebrauchssitz des arbeitenden Hirten entspricht.

Westernfreizeitreiters Sitz kompakt:

▬▬▬ Die Beine hängen im Stand und Schritt gerade und locker herunter. In Trab und Galopp sind sie LEICHT nach vorn gestreckt, aber nicht weg vom Pferd wie bei Wildwestfilmcowboys.

▬▬▬ Die Steigbügel sind – egal ob im Gelände oder in der Bahn – so lang, daß wir, mit voll gestreckten Beinen stehend, höchstens eine

Sensible Pferde · sensible Hände.

Wir vermeiden:
Jedes Klemmen, jeglichen dauernden Knieschluß, wie wir ihn bei anderer Reiterei verlangt sehen. Unser Sattel braucht für die Sattelfestigkeit des Reiters keinerlei Knieschlußklemmerei. Ein Schließen der Knie bedeutet für unsere fein getunten Pferde bereits ein Signal, zum Beispiel zum Vorwärtsreiten oder Rückwärtsrichten. Wenn wir dieses Signal absetzen, weiß das Pferd, daß es uns richtig verstanden hat und macht weiter, bis wir etwas Neues von ihm verlangen. Das ist das Prinzip des Westernreitens und war seit jeher das Prinzip jeder anspruchsvollen Reiterei.

Handbreite zwischen Sattel und Hose unterbringen.

▬▬▬ Unsere Füße stecken bis zu den Absätzen im Steigbügel. (Aus Sicherheitsgründen tragen wir Schuhe mit Absätzen.)

▬▬▬ Wir halten den Oberkörper zwanglos aufrecht, keinesfalls nach vor geneigt, vielleicht aber eine Spur (mehr nicht) nach hinten.

▬▬▬ Den Kopf tragen wir aufrecht, den Blick in die Ferne gerichtet.

Diese Haltung verleiht uns auch für die wildesten, gewagtesten, artifiziellsten Manöver Stabilität und verbindet uns mittels Sattel zu einer harmonischen Einheit mit unserem Pferd.

Und deswegen vermeiden wir auch das sogenannte „Herausreiten jeden Schrittes". Tut unser Pferd, was wir wollen, lassen wir es in Ruhe, damit es nicht abstumpft.
Unsere Waden und Fersen und Sporen haben am Pferdeleib immer nur dann etwas verloren, wenn wir ein neues Signal geben oder unser Signal nicht beachtet wurde.
Wir lehnen uns nicht gegen das Cantle.
Unser Rücken ist nicht gekrümmt. Kriegen wir oder unser Pferd Kreuzweh, stimmt etwas mit unserer Reiterei nicht.

Korrektes Westernfreizeitreiten ist therapeutisch wertvoll für die Wirbelsäule.

Man merkt es daran, daß man von längerem Nichtreiten Kreuzschmerzen bekommt. Und : Wer Gelkissen braucht, macht irgend etwas falsch. Beim Westernfreizeitreiten darf es weder für Pferd noch für Reiter Verspannungen geben.

Unser Sitz ist übrigens nichts Statisches, sondern etwas Dynamisches, denn wir müssen uns ständig in Übereinstimmung mit dem Pferd bewegen und mit dem Becken mitrollen, wenn wir nicht geworfen werden wollen.

Samtene Hände - seidene Mäuler

Die Hände gehören zu den wichtigsten Nebensachen beim Reiten. Zu den Nebensachen deshalb, weil sie beim vollendeten Reiten – leider gelangen höchstwahrscheinlich nur wenige Beneidenswerte unter uns dorthin – nur noch eine untergeordnete Rolle spielen. Wer, zum Beispiel, das Rejoneadores-Brüderpaar Manuel und Raffael Peralta diffizile Hohe-Schule-Manöver und gewagt-rasante Attacken in der Arena hat freihändig reiten sehen, weiß, was gemeint ist. Eine Stufe darunter befindet sich die so gut wie unbewegliche linke Hand, welche durchhängende oder locker vibrierende Zügel führt und in vollendeter Harmonie die schönsten Bewegungen, deren ein Pferd fähig ist, in

Zusammmenarbeit mit dezenten Gewichtshilfen hervorruft. Ein vollendeter Reiter, egal ob klassisch oder western, hat selten mehr als das Gewicht der Zügel in der Hand, wie etwa der „Old-Time-Trainer" Oeynhausen feststellte. Und ein anderer „Oldtimer", Guérinière, sprach von „descente de main", dem Senken, das heißt, Nachgeben der Hand. Dieses für feine, pferdefreundliche Reiterei so notwendige Annehmen und Nachgeben (nicht nur) mit der Hand ging in der modernen europäischen „klassischen" Reiterei leider verloren, was einen äußerst gewichtigen Grund für Pferdefreunde darstellt, western zu reiten, auch wenn ihnen Cowboyhüte und Bier-Barbecues nicht sonderlich gefallen.

Descente de main - Pull and slack

Wenn wir uns vorstellen, daß ein Pferdemaul etwas Feinfühliges, Zartes, Weiches ist, nicht weniger feinfühlig als unser Mund, so müssen wir, wenn wir ein Stück Eisen hineinlegen, mit diesem zarten Etwas zart umgehen, wenn wir uns zu den Tierfreunden zählen wollen. „Ja", sagt uns da jemand, „deshalb reite ich fairerweise mit einer Gummitrense." Diese dicken Gummiwürste (mit Draht innen) im Pferdemaul stellen jedoch keinerlei Legitimation dar, sich am Zügel anzuhalten und daran herumzuziehen.

Das Maul stumpft damit genauso ab wie mit einem Stahlgebiß, wenn wir uns nicht an den Grundsatz Annehmen – Nachgeben halten. 'Always ride a loose rein', sagen die Westerntrainer, „descente de main" sagte Guérinière.

Annehmen – Nachgeben ist das Um und Auf feinfühligen Reitens. Unser Pferd lernt, daß es mit dem Aufhören der „Hilfe" belohnt wird. Und es wird immer begieriger sein, diese Belohnung zu erhalten.

Und unser Lohn wird die Feinfühligkeit unseres Freundes sein. Reiter, die mehrere Kilo Zug mit behandschuhter Faust ausüben, werden uns irritiert-neidvoll beobachten, wenn wir den Daumen immer seltener auf die Zügel legen müssen. „Das können Sie doch alles nur, weil

Reiten ist kein Kraftakt.

Sie die scharfe Kandare und diese brutalen Sporen verwenden; reiten Sie einmal mit einer ordentlichen Trense!" explodierte ein Knallkopf in die angenehme Ruhe der Reithalle.

Alles, was mit Gewalt, Kraftausübung, Einschüchterung zu tun hat, hat mit unserem Westernfreizeitreiten nichts zu tun.

Die Gebisse, die wir beim Westernreiten verwenden, wirken bei Mißbrauch wesentlich schärfer als die Mundstücke der modern-"klassischen" Reiterei. Diese Schärfe dient der Präzision. Wenn wir als Reiter nur noch mit den Zügeln vibrieren müssen, um unser Pferd beizuzäumen, oder wenn wir nur sachte mit den kleinen Fingern spielen, um eine Biegung herbeizuführen, so dürfen wir das sicher

einen unschätzbaren Vorteil gegenüber jeglicher Reiterei nennen, die dazu rohe Kraft gebraucht. Deswegen reiten wir grundsätzlich ohne Handschuhe, es sei denn, die Kälte macht uns klamme Finger.

Derartige Feinfühligkeit des Pferdemauls gehört nicht nur zu den Spielereien übertreibender Tierliebhaber. Selbst wenn Ihnen das Wohlbefinden Ihres Pferdes egal ist (aber da würden Sie dies hier wohl eher nicht lesen), so zählt das Sicherheitsargument. Denn in knifflig-gefährlichen Situationen, wo Ihr Pferd mit Ihnen über die Marschrichtung nicht ganz einig ist, stehen Ihnen große Kraftreserven zur Verfügung, wohingegen der Brutalmaulziehtyp mit der bestens gestählten Gegendruckmuskulatur und dem abgestumpften Maul seines armen Reittieres rechnen muß, das gelernt hat, mit einem groben Patron umzugehen.

Gegen Grobheit auflehnen

Ein korrekt gerittenes Westernfreizeitpferd reagiert auf Grobheit mit Auflehnung. Wir erziehen uns brave Pferde. Aber wir erziehen uns keine Pferde, die sich mißhandeln lassen. Mißhandler gehören abgeworfen.

Das Pferd ist ein nobles Tier. Wenn wir ihm durch liebe, aber nicht verzärtelnde Behandlung und zielorientierte Ausbildung seine Würde nicht nehmen, so erhalten wir einen würdigen Partner, keinen Sklaven, sondern einen Freund, der uns mit seiner zurückhaltenden Vornehmheit viel beibringen und viel Freude bereiten kann. Doch Vorsicht: Pferde verachten Schwächlinge. Der Grundsatz „Ich tu dir nichts, du tust mir nichts" funktioniert im Umgang mit Pferden eher schlecht.

Was bedeuten solche Tatsachen für unsere Hände? Anfangs wird unser Jungpferd oder das Pferd, das bisher anders geritten wurde, die Feinheit unserer Hände nicht verstehen wollen, denn es möchte, wie jedes Lebewesen, seinen eigenen Kopf durchsetzen. Das heißt: Vorläufig wird es ohne kräftiges Zulangen (notfalls auch mit Handschuhen) nicht abgehen. Wenn doch: Umso besser. Aber: Wir zeigen unserem Pferd, daß wir, sobald es willig reagiert, sofort seine Belohnung geben, nämlich das Nachlassen der Zügel"hilfe". Dadurch gelangen wir zu immer größerer Feinheit. Die Handschuhe fallen rasch weg. Der Kraft der Arme folgt die Kraft der Hände, der Kraft der Hände folgt die Kraft der Finger.

NIE akzeptieren wir, daß sich das Pferd auf unsere Hand legt. Wir geben nach und nehmen sofort wieder an. Bis das Pferd nachgibt.

NIE ziehen wir dauerhaft an den Zügeln. Annehmen – Nachgeben geht uns in Fleisch und Blut über. Immer am lockeren Zügel reiten. Annehmen – Nachgeben. 1000mal.

Unsere Arme übrigens stehen nicht ausladend ab und rudern herum wie bei Filmcowboys.

Wenn wir auf Kandare umstellen, muß es vorbei sein mit dem kräftigen Zulangen, denn sonst schneiden wir dem Pferd mit Stange und Kinnriemen die Zunge ab. Wann stellen wir auf schärfere Gebisse um? Wenn unser Pferd uns sagt, daß wir mit dem derzeitigen Gebiß nicht mehr feiner arbeiten können. Früher nicht. Hören wir auf unser Pferd. Doch über Gebisse sprechen wir später. Vorläufig verwenden wir Hackamore, Sidepull, Kappzaum oder - am wahrscheinlichsten - eine einfache Westerntrense.

Beidhändige Zügelführung

Wenn wir diese Instrumente verwenden, führen wir anfangs die Zügel tief, fast auf Kniehöhe, um die Nase des Pferdes von Anfang an hereinzuholen. Achten wir jetzt weniger auf diese Beizäumung, so wird sie uns später mehr Arbeit bereiten. Das Pferd soll die Nase einziehen, aber nicht den Kopf nach vorne-unten halten, womit wir es ja verstärkt auf die Vorhand brächten. Diese „Maulwurfshügelschnüffelei", bei der das Pferd daherkommt, als ritte man zum Schlachter, sieht man leider noch immer in der Western Pleasure. Sie ist der auch für das Freizeitreiten notwendigen Versammlung höchst abträglich. Alle Maßnahmen, die das Gewicht des Pferdes noch mehr nach vor verlagern, sind im Sinne der Manövrierfähigkeit und Gesundheit des Pferdes zu vermeiden. Achten wir einmal darauf, wie oft Pferde, die nach vorne-unten geritten werden, z.B. mittels Schlaufzügel und/oder im sogenannten „leichten" Sitz etc., Probleme mit den Vorderbeinen und -hufen haben. Da die Vorderhufe sich natürlich dabei mehr abnützen und die hinteren kaum, werden solche Pferde häufig nur vorn beschlagen.

Einhändige Zügelführung – Neck Reining

Mit zunehmendem Ausbildungsniveau wandern unsere Hände nach oben und immer näher aneinander, bis wir beim einhändigen Reiten mit Kandare angelangt sind. Unser Pferd hat gelernt, zunehmend unsere Körpersprache zu verstehen, die ein wenig vom am Hals anliegenden Zügel unterstützt wird. Vom einhändigen Reiten müssen wir zwischendurch immer wieder zur zwei-

ten Hand Zuflucht nehmen, um die korrekte Kopfstellung und Biegung zu garantieren. Dann geht es wieder einhändig weiter. Manche Pferde brauchen viel zweihändiges Reiten auch mit Kandare, andere gehen einhändig besser. Alle brauchen viel Zeit.

Der Begriff „Neck Reining" führt vielleicht etwas in die Irre. Ein kandarenreifes Pferd wird vorne nur minimal gelenkt. Die Hand rührt sich nicht viel nach links oder rechts, und wenn schon, dann höchstens 15 Zentimeter. Was darüber hinaus geht, verdreht nur häßlich den Kopf. Die Zügelhand beim Neck Reining garantiert nur die Kopfstellung. Und wie lenkt und dreht man dann sein Pferd? Die Drehkraft kommt aus unserem Körper und aus unseren Füßen. Diese Drehkraft wirkt von hinten her. Schon die Drehung unseres Kopfes in die gewünschte Richtung bewirkt, daß wir unseren Körper so drehen, daß unser Pferd spürt, wohin wir reiten.

Angenommen, wir galoppieren im Linksgalopp auf der Mittellinie der Reitbahn. Damit das wirklich gerade wird, müssen wir ausbalanciert sitzen, die Zügelhand in der Mitte, und gerade auf den Punkt schauen, auf den wir zureiten. Drei bis fünf Meter vor der Wand blicken wir dann nach links in die neugeplante Kurve. Unser Pferd wird, ohne daß

wir die Hand auch nur ein bißchen rühren, unseren Weg nehmen.

Beim Aufwärmen oder Geländereiten dürfen wir ohne weiteres vor Erreichen der Kandarenreife einhändig reiten, weil wir ja so viel ungezwungener sitzen. Dies gilt auch im Sinne unserer Sicherheit. Wir reiten im Gelände mit großzügig durchhängenden Zügeln, damit sich unser Pferd lästige Insekten abschütteln und nach eventuellen Gefahren ausspähen kann. Auf diese Weise bleibt unser Pferd ruhig und gelassen und wird eher nicht zu Blödsinnigkeiten oder Hysterie tendieren, die man von anderswo kennt. Sollten wir dabei aber doch einmal festeren Kontakt mit dem Maul brauchen, so müßten wir unter Umständen mit den Händen an unserem Körper vorbeiziehen, was nicht viel Wirkung verspricht. Also besser einhändig - auch mit Trense - im Gelände unterwegs sein. Denn mit der freien rechten Hand haben wir die Möglichkeit, den rechten Zügel kurz zu fassen, um dabei rasch und fest zuzulangen, falls nötig. Was das Lenken betrifft: Jedes Pferd kann um eine Hausecke herum oder im Wald an einer Weggabelung auch ohne große Ausbildung im Neckreining den richtigen Weg nehmen.

Ist man Rechtshänder, so sollte man die Zügel in der linken Hand halten, eben weil man mit dieser Hand ungeschickter ist und dadurch weniger zu unelegantem Herumrudern und -ziehen neigt. Die linke Hand bleibt ruhiger. Die rechte Hand hängt locker herunter oder liegt auf dem Oberschenkel aufgestützt. Überprüfen wir, ob andere Varianten gut aussehen.

Der erste Ritt

Gut. Wir sitzen erstmals auf unserem Roß, unser Helfer führt uns ein wenig herum. Wir helfen mit, dem Pferd klarzumachen, daß es seinem Kopf nachzugehen hat. Nach ein paar Runden können wir aufhören, vorsichtig absteigen und unser Pferd für seine Toleranz loben. Wir könnten natürlich auch weitermachen, doch langsames Vorgehen bringt uns insgesamt gesehen rascher und solider ans Ziel. Wenn wir jetzt absteigen und unser Pferd in den Stall oder auf die Koppel zu seiner Clique schicken, behält es absolut nur Positives von dem Erlebnis des Besteigens im Gedächtnis. Als Freizeitreiter verfügen wir über genügend Zeit. Die Hetzerei überlassen wir dem Berufsalltag.

Wir befinden uns nicht in der Rolle des Gauchos, der in zwei Tagen seinem Auftraggeber ein reitbares Pferd zu präsentieren hat. Ich stelle hiermit aber klar, daß ich mich nicht der Überheblichkeit europäischer Trainer und Autoren anschließe, die

die Old-Time-Methoden beim Beritt in Bausch und Bogen als Barbarei verwerfen. Die alten Domadores und Horsebreakers standen unter enormem Zeit- und Erfolgsdruck. Die Arbeit, welche sie leisteten und leisten, ist beeindruckend. Sie ging und geht unter beträchtlichen Opfern seitens Mensch und Pferd vor sich. Die Resultate sind aber beeindruckend. Diese Pferde lassen sich problemlos führen, zappeln beim Aufsteigen nicht dumm herum, können im Gelände sofort problemlos in allen Grundgangarten geritten und ohne lächerliches Gezerre zum Schritt oder Stand durchpariert werden. Sie gehen selbstverständlich widerstandslos rückwärts. Hut ab vor den amerikanischen Bereitern alten Stils. Die Arroganz, welche ihnen von der modernen Pferdewelt entgegenge-

Junger Friesenhengst - Jede Rasse eignet sich zum Westernfreizeitreiten.

bracht wird, ist angesichts ihrer überzeugenden Resultate unverständlich. Die Brutalität, mit welcher sie vorgehen mußten und müssen, wurde und wird durch Lohnabhängigkeit und Preisdruck bedingt. Warum wir uns als Freizeitreiter dann nicht einfach ihrer Methoden bedienen? Wir haben – wie gesagt – Zeit. Wir haben keinen Auftraggeber. Deshalb brauchen wir nicht auf Kosten der gesunden Pferdepsyche auf unsere Tiere mit Brutalität Druck auszuüben.

Wir wollen liebe, folgsame Pferde, zu denen wir gefahrlos lieb sein können.

Und selbst wenn wir als Freizeitreiter derartig anachronistische Brutalität auf unsere Pferde ausüben wollten, so könnten die meisten von uns es nicht, da es uns wahrscheinlich an Erfahrung und Unerschrockenheit mangelt. Wer von uns könnte schon, selbst wenn er wollte, einen buckelnden Bronco niederquirten? Überall, wo es um Geld geht, hat das Pferd die schlechteren Karten. Unsere modernen Trainer stecken in der gleichen Klemme wie die Oldtimer. Der Kunde, welcher von Pferden nicht viel Ahnung hat, fordert – aufgrund schmerzhafter Kosten – vom Bereiter eine volle Ausbildung in drei Monaten. Na, dann mal los. Der Druck wird natürlich auf das Pferd weitergegeben.

„Mein Pferd punktete in der Reining nicht in ausreichendem Maße, machen Sie mir in einem Monat ein Western-Riding-Pferd daraus." Dem armen Bereiter grausts, er nickt und nimmt den Auftrag an, denn er denkt an die Konkurrenz und seine laufenden Kosten, die er zu decken hat.

Geld- und Geltungssucht gehören heute neben Unwissenheit zu den Übeln, vor denen sich die Pferde fürchten müssen. Als Freizeitreiter müssen wir da nicht mitspielen.

Abnabeln

Wir haben uns gemütlich von unserem Helfer herumführen lassen. Immer mehr konnten wir mit unseren Zügeln die Kontrolle übernehmen. Unser Pferd hat nichts mehr gegen unser Gewicht, das wir zur Steuerung verlagern, um die gewünschte Richtung vorzugeben. Wir tragen noch immer keine Sporen, um unser Pferd nicht mit neuen Reizen zu überfordern. Sporen können auch leichter am Sattel hängenbleiben als keine Sporen, falls man ungewollt absteigen müßte. Ganz beiläufig kann dann unser Helfer sein Führseil ausklinken. Noch geht er ein wenig neben uns her, bald bleibt er ruhig stehen. Wir bewegen unser Pferd gelassen im Schritt weiter. Wir erlauben uns und unserem Pferd keinerlei Hektik. Wir sitzen ausbalanciert im Sattel, reiten am Zaun lang im Kreis oder gerade.

Beliebte Widersetzlichkeiten

Umkehren

Befinden wir uns im Freien auf einem Weg, so gibt es kaum Zweifel über die Richtung. Sollte das Pferd auf dem Weg zurück in Richtung Stall umdrehen, drehen wir sofort nochmals 180 Grad weiter. Unser Pferd setzt überrascht seinen Weg in die von uns gewünschte Richtung fort. Erlauben wir unserem Pferd hier eine eigenmächtige Rückkehr, so kommen gefährliche Abenteuer auf uns zu. Denn wir wissen, daß unser Pferd sich alles hervorragend merkt. Erfolgserlebnisse bestärken schließlich auch uns Menschen. Unser Pferd entwickelt sich zum Rollbackgenie stallwärts und entzieht sich gekonnt unserer Kontrolle. Es gibt Pferde, die mitsamt Reiter in die Box zurückgaloppieren, ohne sich den Kopf darüber zu zerbrechen, ob ihr Reiter sich seinen bricht. Aber derartige Sachen lassen wir nicht zu.

Hat unser Pferd schon brav seine Bodenarbeit am Führstrick absolviert, so dürften solche Probleme gar nicht erst auftauchen. Doch jede Seele ist ein tiefer Ozean und immer gut für Überraschungen. Und oft gehören diejenigen Pferde, welche uns Schwierigkeiten bereiten und nicht gleich so tun , wie wir es uns erwarten, später zu denen , mit welchen wir wegen ihres Feuers und Eifers die größte Freude haben.

Buckeln

Zum Standardrepertoire der Widersetzlichkeiten gehört das Buckeln. Solange es nicht Rodeoausmaße annimmt, die wir nicht mehr auszusitzen vermögen, versuchen wir unser Pferd vorwärts zu reiten. Die Oldtime-Vaqueros bestraften jeden Buckler ihres Jungpferds mit einem Quirthieb auf die Nase. Es galt als schändlich, die Augen zu treffen. Unsere (Western)freizeitpferde werden sich aber aller Wahrscheinlichkeit nach nicht mehr so wild aufspielen, weil wir fleißig und geduldig vorgearbeitet haben. Stärkeres Buckeln unterbinden wir, indem wir uns mit der linken Hand in der Mähne solid festhalten und die Nase des Pferdes mit der rechten Hand zu unserem rechten Stiefel ziehen, am besten durch harte, überraschende Zupfer. Der Hals eines Pferdes ist stärker bemuskelt als der Arm eines Menschen. Daher: Kurz und heftig annehmen, kurz nachgeben usw., bis wir die Nase unseres Pferdes soweit haben, daß unser Pferd einen so kleinen Kreis gehen muß, daß Buckeln unmöglich ist. Das Pferd dreht sich nun einige Runden im Kreis, bis es ihm zu blöd wird und wir mit dem Programm, das heißt, dem Vorwärtsgehen, ohne jede Verzögerung weitermachen. Widerstand gegen den Chef-Freund ist sinnlos, heißt die Lektion, falls sie gegeben werden muß.

Steigen

Unser Oberkörper war hier übrigens stark nach vorn gebeugt, sodaß wir auch eventuelles Steigen vermeiden konnten. Gegen ein Pferd, das Miene zum Steigen macht, ist Eindrehen ebenfalls ein probates Mittel. Gewicht nach vor! Beim Steigen nie an beiden Zügeln ziehen, sondern mit nur einem Zügel den Kopf herbeiholen! Unser Pferd würde durch die Zügel hochgezogen und sich überschlagen, ein Vorgang, den nur solche Haudegen provozieren, die Wert auf Beileid und Trauer der Reitergemeinschaft legen... Horn und Cantle eines Westernsattels können in einem solchen Fall tödlich wirken. Haben wir die Ansätze zum Steigen verschlafen und steigt unser Pferd wirklich kerzengerade, so müssen wir ehebaldigst aus dem Sattel. Alles andere wäre ungesund. Danach sofort wieder in den Sattel und weiterreiten, auch wenn es schwerfällt... Stoßzügel (Tie-downs), die an einer Zügelbrücke zwischen den Trensenringen angehängt sind, können ein Pferd wie permanent ziehende Zügel zum Überschlagen aufdrehen. Es gibt nichts Gefährlicheres als das Überschlagen. Und: Vergessen wir das hervorragende Gedächtnis

unseres Pferdes nicht: Was einmal erfolgreich als Widersetzlichkeit wirkte, wird wieder probiert. Ein bißchen Steigen schadet jedoch nichts und wird von uns mit kräftigem Vorwärtsreiten quittiert.

Durchgehen

Wir tolerieren zwar ein bißchen Buckeln und ein bißchen Steigen ohne aufwendige Gegenmaßnahmen. Beim Durchgehen jedoch kennen wir keinen Pardon. Nie. Unser Pferd hat beim Führen an der Hand gelernt, auf leiseste Zeichen der (Körper)sprache immer stehenzubleiben.

Jedes Fohlen kann rennen. Doch Stehenbleiben muß das Pferd von uns lernen. Unser ausgebildetes Pferd darf ohne unseren Willen keinen einzigen Schritt tun. Jeder Schritt außerhalb unserer Kontrolle ist die Vorstufe zum Durchgehen.

Wenn Überschlagen die gefährlichste Widersetzlichkeit ist, so ist das Durchgehen die am weitesten verbreitete, wie wir ja überall sehen können.

„Einmal durchgehen ist immer durchgehen", lautet ein altes Bereitersprichwort. Versuchen wir zu ergründen, ob es auch stimmt. Wir wissen: Pferde verfügen über ein fabelhaftes Gedächtnis. Und: Sie versuchen, jede Problem- und Streßsituation durch Flucht zu bewältigen.

Ein Beispiel: Ich wusch meiner Stute Sassy mit dem Schlauch die Füße. Längere Zeit schon hatte der Boiler nicht funktioniert, weswegen man es ignorieren konnte, daß der Wassermischhebel auf heiß gestellt war. Nun hatten fleißige Hände den Boiler gewartet, und ich spritzte nichtsahnend kochheißes Wasser auf das linke Vorderbein meiner Sassy, die, wie von Furien gehetzt, aus dem Waschraum flüchtete und nur mit viel gutem Zureden wieder hineinzubringen war. Seither mißtraut sie diesem Ort und zuckt seit sieben Monaten nervös mit dem linken Vorderbein, wenn ich es kalt dusche.

Genauso funktioniert das Durchgehen im Gelände. Wer zum Beispiel sein Pferd auf einer großen Wiese einmal nach Belieben abzischen läßt, legt den Grundstein für folgenden Pferdegedankengang: „Ha, weite Fläche! Ich düse los!" Solches Losdüsen passiert dann immer öfter. Als beliebte Auslöser sucht sich das Pferd dann auffliegende Fasane, rennende Rehe etc. Die Schwelle zum Durchgehen wird immer niedriger. Das Pferd beginnt vor dem schlechten Sitz seines Reiters, der ihm ins Kreuz fällt oder an den Zügeln zieht, zu fliehen. Ein Durchgänger ist geboren. Viele Reiter nehmen das Durchgehen als schicksalhaft gegeben hin und als geeigneten Stoff für heiße

Reiterbargeschichten. Wessen Pferd ging am wildesten und unmotiviertesten durch? Als besonders beliebt gilt gemeinsames Durchgehen mit gegenseitigem Anrempeln und Hufeisenheruntertreten. Gerade wir (Western)freizeitreiter sollten diese unelegante Durchgängerei tunlichst vermeiden. Denn erstens kann sich ein Durchgänger in unserer kleinräumigen und -karierten Welt als Gesundheitsrisiko erweisen. Und zweitens hat ein Pferd, das nicht mehr unter Kontrolle seines Reiters ist, sich bald auch selbst nicht mehr unter Kontrolle. Geeichte Durchgänger gehören als Stammkundschaften zum festen Kundenstock der Tierärzte. Diagnose nach kostspieligem Röntgen: Sehnenriß oder -zerrung; 6 Monate/Wochen Stehzeit...

Unsere Pferde lassen sich auf ordentlichem Ausbildungsniveau aus vollem Galopp durch simples Niederdrücken der Fersen und Einsitzen ohne Handbewegung stoppen. Auch das Wort „Whoa!" erübrigt sich früher oder später. Auch wenn uns eine ganze Gruppe von Gemeinsamdurchgängern auf einem sogenannten Wettrennen überholt, bleiben wir in unserem Tempo, in unserer Gangart, ohne an den Zügeln zu zerren. Das konnten wir nicht in ein oder zwei Tagen erreichen. Das konnten wir auch nicht erreichen, wenn wir unser Pferd beim Profitrainer hatten und der ihm

ein zuverlässiges „Whoa!" beigebracht hatte, das wir aber durch eventuellen Mangel an Konsequenz wieder verspielten.

Fremdreiter? Nein, danke.

Die jahrelange Ausbildung eines Pferdes ist etwas, das in ein paar mißglückten Ritten verdorben werden kann. Deshalb lassen wir nie andere Leute unser Pferd reiten, es sei denn, sie sind sensationell gut. Manche Reiter suchen ihre Zuflucht zu allen möglichen Trainern, selbsternannten Möchtegernexperten, lassen keinen Kurs aus und schaden damit ihrem Pferd mehr, als wenn sie selbst es mit ihren eigenen bescheidenen Mitteln, aber dafür konsequent, ausbilden würden. Denn das Pferd ist ein Gewohnheitstier, das sich gern auf einen Stil einstellt. Nur wenn es sich nicht vermeiden läßt, sollte mehr als ein Mensch dauernd ein Pferd reiten.

„WHOA!"
Unser Pferd lernt seine wichtigste Lektion

Wir sitzen also auf unserem (Jung-)pferd und versuchen einigermaßen die Linie, die wir vorgeben, einzuhalten. Unser Pferd ist auf Trense, Hackamore, Sidepull oder Kappzaum gezäumt. Wir haben griffige, feste Zügel montiert, die gut in der

Hand liegen. Wir haben sicherheitshalber Arbeits- oder Lederhandschuhe an, damit wir nötigenfalls derber zupacken können. (Später reiten wir mit Handschuhen nur, um uns vor Kälte zu schützen, denn wir wollen kein Pferdemaul, das unempfindlich wie ein Handschuh ist.) Verfügen wir über einen Reitplatz mit Zaun oder einen Rundkorral, so reiten wir linksherum mit etwa einer Pferdelänge Abstand vom Zaun, wenn wir Rechtshänder sind. Im Freien sehen wir, daß wir rechts wenigstens eine Hecke oder Büsche haben.

Westernfreizeitreiters Stopp kompakt:

Wir stoppen nun unser Pferd aus dem Schritt:

▬▬▬ Wir sagen „Whoa!" (oder „Ho!").

▬▬▬ Wir drücken die Fersen und das Gesäß nach unten, d.h. wir „sitzen ein".

▬▬▬ Unser Rücken krümmt sich ein wenig, während das Becken abkippt.

▬▬▬ Wir nehmen den rechten Zügel nach unten-hinten so an, daß der Pferdekopf etwas zum Zaum schaut, und lassen sofort wieder los.

Unser Pferd sollte sofort oder nach einigen Schritten stoppen. Überschwengliches Lob für diese überragende Leistung, Streicheln, Leckereien. Wir steigen sofort ab und bringen unser Pferd in den Stall oder auf die Koppel. Unsere Vorarbeit am Führstrick hat sich gelohnt. In den nächsten Tagen wiederholen wir die Übung immer öfter rechtsherum und linksherum.

Und wenn unser Pferd nicht stoppt?

Wir gehen in aller Ruhe am Zaun lang. Dieselbe Prozedur, wie oben beschrieben: „Whoa!", Fersen runter-vor, einsitzen. Alles in Bruchteilen von Sekunden. Und nun, ebenfalls in Sekundenbruchteilen, ein massiv-plötzlicher Zügelanschlag nach unten-hinten mit dem Zügel auf der Zaunseite, der das Pferd mit der Nase zum Zaun stellt. Der Zaun suggeriert: „Halt!" Sofort loslassen. Notfalls wiederholen. Spätestens nach ein paar Schritten sollte unser Pferd stehen und belohnt werden.

Beim Stoppen NIE mit beiden Zügeln ziehen.
NIE dem Pferd etwas geben, worauf es sich mit seiner Kraft legen kann.
Den Oberkörper nicht nach hinten legen.
Die Übung nicht so oft wiederholen, daß sie dem Pferd lästig wird. Aufhören, BEVOR das Pferd ungehalten reagiert. Aber nie mit einer Niederlage aufhören! Wir müssen stets unser Gesicht wahren.

Notfalls kann eine andeutungsweise Ausführung unserer Kommandos als vorläufig genügend gelten, damit wir nicht einen Krieg beginnen, den wir unter Umständen nicht oder nur mit schweren Verlusten (z.B. Vertrauen unseres Pferdes) gewinnen könnten.

Und wenn unser Pferd noch immer nicht stoppt?

Hat es an der Führkette korrekt und willig gestoppt? Wenn ja, dann stimmt etwas mit unserer Reiterei, mit dem Sitz, vielleicht auch nur mit der Fütterung oder Haltung nicht. Wir deponieren unseren Stolz in der Pfandleihanstalt und wenden uns an einen Profitrainer unseres Vertrauens. Wir fragen keine Pseudoexperten in Stall und Umgebung. Wir experimentieren nicht mehr herum. Denn unser Problem ist ernst. Wir dürfen unserem Pferd nicht die Botschaft vermitteln, daß Durchgehen mit uns möglich ist. Wir könnten es irreparabel verderben. Als Buchautor sage ich Ihnen natürlich ungern, daß wir Ihr Problem nun durch Bücher eher nicht lösen können. Doch ein Buch ohne Ehrlichkeit nützt nichts. Schließlich wollen wir freizeitreiten. Und ein Durchgeher macht nie Vergnügen. Durchgeher mögen im Turnierbetrieb vielleicht ihren Platz haben, möchte ich mit schelmischem Grinsen sagen, aber als Gebrauchs- und Freizeitpferde nie und nimmer.

Quarterhorse-Stute Sassy geht vom Schritt zum Halten über...

...indem ich die Fersen nach unten-vorne drücke und das Becken abkippe.

Lassen wir uns von Scheinexperten, „erfahrenen Turnierreitern", Hobbyzüchtern etc. nie einreden, unser Pferd könne nicht stoppen und stehen, weil es Araber oder Vollblüter sei. Die Geschichte der Reitkunst beweist, daß jede auch noch so heiße Rasse kontrolliertes Reiten erlaubt.

Training im Freien

Die ganze Welt

ist Reitbahn.

Wir sind beim Führtraining
mit unserem Pferd schon
ins Gelände gegangen und
haben uns als sehr
verläßliche Führungsper-
sönlichkeit erwiesen. Wohin
immer wir spazierten, wir
konnten beweisen, daß
unser Weg gefahrlos, sicher
und unterhaltsam ist.

MEHR SPAß

Lustbetonter trainieren

Wir krochen mit unserem Pferd durch Dickicht und Büsche, rutschten steile Abhänge hinunter, gingen gemeinsam durch Pfützen. Fressen durfte unser Pferd nur mit unserer ausdrücklichen Erlaubnis. Vielleicht nahmen wir unser Pferd sogar schon als Handpferd mit ins Gelände, nachdem wir das vorher in der Bahn geprobt hatten. Und so können wir nun unser Training ins Gelände verlegen. Vorausgesetzt, das „Whoa!" klappt bombensicher. Ansonsten bleiben wir lieber daheim.

Doch das Schulen eines Pferdes im Gelände bringt viele Vorteile, die viele Profitrainer aus Zeitgründen nicht nützen können. Andererseits schwören Asse wie Jean Claude Dysli oder Al Dunning darauf. Natürlich, es ist mehr Ablenkung da. Doch insgesamt wird die Ausbildung lustbetonter, die Gehfreudigkeit nimmt zu, und „bahnsauer" kann unser Pferd auch nicht werden.

Unsere ersten Ausritte absolvieren wir im Schritt. Zwischendurch – vor allem auf dem Heimweg – üben wir unser „Whoa!". Wir warten in der

Ein bißchen Vorneigen erleichtert das Rückwärtsrichten.

Landschaft, meditieren, denken an etwas Schönes. Freund Pferd muß ruhig stehen und darf keinesfalls fressen. Wenn wir anfangen, das Fressen unterwegs zu tolerieren, werden wir bald alle paar Schritte mit den Zügeln aus dem Sattel gezogen werden. Es soll auch Pferde geben, die im Galopp etwas Freßbares zu ergattern suchen und dabei mitsamt Reiter in arge Gleichgewichtsprobleme kommen. Wir dulden überdies keineswegs ungeduldiges Scharren. Unsere Stimme schreitet da zusammen mit Schenkel- und Zügelhilfen energisch ein. Wir erziehen uns keinen Partner, der uns auf die Nerven geht. Andererseits gebärden wir uns nicht sinnlos streng. Wenn Freund Pferd sich kratzen will, unternehmen wir selbstverständlich nichts dagegen. Doch auf das Kratzen folgt meist ein Freßversuch...

Rückwärtsrichten

Und dann, eines Tages, üben wir das nicht so ganz beliebte Rückwärtsrichten. Wir „verirren" uns in einer engen Sackgasse im Gebüsch, aus der man „leider" nur mittels Rückwärtsrichten herauskommt. Ein paar Schritte freiwilliges Rückwärtsrichten fast ohne Zügelhilfe müßten da „drinnen" sein.

Rückwärtsrichten kompakt:

▬ Zügelhände etwa in Kniehöhe

▬ Zügel annehmen

▬ Gleichzeitig mit beiden Schenkeln (Füßen, Sporen) drücken, als ritte man vorwärts

▬ Einmal schmatzen (Kußgeräusch)

▬ Hilfen sofort wieder aussetzen

Unser Pferd sollte jetzt einen Schritt rückwärts gegangen sein. Für jeden weiteren Schritt wiederholen wir die Prozedur. Wir können ein Pferd nicht rückwärts ziehen, weil es stärker ist als wir. Also: Annehmen, nachgeben; annehmen, nachgeben... Reißt das Pferd den Kopf hoch, steigt: Vorbeugen, Hilfe kurz absetzen, Kopf mit beiden Händen hinunterzupfen, sodaß Freund Pferd die Nase einzieht, weitermachen. Mit der Zeit brauchen wir immer weniger Zügelhilfe, vor allem, wenn wir zum Beispiel die Reitbahn oft im Rückwärtsrichten verlassen. Denn einerseits verläßt das Pferd gern seine Arbeitsstätte (Ein Pferd ist auch nur ein Mensch), andererseits nimmt es den lästigen Nachteil des Rückwärtsrichtens dafür gern in Kauf und geht dabei auch noch schneller. Mit der Zeit wandern unsere Hände beim Rückwärtsrichten nach oben. Eines Tages klappt es einhändig mit Kandare, manchmal vielleicht sogar freihändig. Es besteht kein Grund, zu viel und zu oft rückwärtszurichten, wenn unser Pferd die Sache ordentlich ausführt. Schließlich wollen wir nicht grundlos Widerstände provozieren.

Apropos: Alle Reitmanöver, die wir aus Büchern lernen, müssen wir zu Hause ohne Pferd zuerst unserem Hirn mitteilen, dann unserem Körper und erst danach unserem Pferd. Stellen wir uns daheim in die Mitte des Zimmers und überlegen und üben wir genau, was wir unserem Pferd sagen wollen. Der Ablauf jedes neuen Manövers, das wir mit unserem Pferd üben möchten, muß uns schon im Wohnzimmer völlig geläufig sein. Schließlich kann uns das Pferd nicht verstehen, wenn wir uns selbst im unklaren sind.

Wenn ich „einmal probiere", ob mein Pferd rückwärts geht, das Pferd aber dazu keine Lust zeigt, und ich dann aufgebe, so lernt mein Pferd, daß Rückwärtsrichten vermieden werden kann. Diese Grundeinstellung wird es nicht so schnell vergessen. Ein Pferd, welches sich schon öfter gegen das Rückwärtsrichten – das ist schließlich unter Pferden eine Unterwerfungsgeste – erfolgreich wehrte, wird sehr lange und immer wieder dagegen Widerstand leisten.

Schritt mit Schwung

Die Dressurspezialisten meinen zwar, der Schritt sei die schwierigste Gangart. Doch wir wollen nicht alles zu kompliziert sehen. Auf alle Fälle müssen wir trachten, daß der Schritt unseres Pferdes möglichst schwungvoll wird. Da haben die Dressierer recht. Die meisten Wege im Gelände erlauben heutzutage aufgrund penibelster Schotterung bzw. Asphaltierung leider nur das Schritttempo, wenn man auf die Gesundheit des Pferdes achtet. Nur Idioten und Tierquäler galoppieren auf Schotter oder Asphalt. Als Westernfreizeitreiter bewegen wir uns oft an Straßenrändern oder auf groben Schotterwegen aus Bruchmaterial, um Strecken zwischen guten Reitwegen zu überbrücken. Häufig kann man dort nicht einmal traben, ohne dem Pferd zu schaden. Daher brauchen unsere Pferde einen ordentlichen, raumgreifenden Schritt. Wagenpferde und deren Verwandtschaft haben ihn beneidenswerterweise häufig von Natur aus. Viele Reitpferde, wie etwa die Isländer, auch. Doch viele der Westernpferde, wie etwa Paints oder Quarter Horses, brillieren eher in anderer Hinsicht.

Deshalb müssen wir von unserem Pferd immer einen raumgreifenden Schritt verlangen, wenn es ihn nicht von selbst anbietet. Das geschieht nicht, indem wir ständig mit der Zügelhand nach vor fahren. Auch nicht, indem wir dem Pferd ständig mit der Gerte auf den Hintern wichsen. (Cowboys brauchen ohnehin keine Gerte.)

Raumgreifender Schritt kompakt:

Wenn sich unser Pferd im Schritt bewegt, sehen wir, daß immer eine Schulter nach vor geht. Genau in dem Augenblick, wo die rechte Schulter nach vor geht, drücken wir mit dem rechten Schenkel (Fuß, Sporn). Unser Pferd geht dann raumgreifender. Das linke Bein strebt vor. Sobald unser Pferd nachläßt, wiederholen wir die Hilfe.

▬ Sollte das Pferd in den Trab fallen, so machen wir eine „Whoa!"-ähnliche Bewegung. D.h., wir drücken die Fersen nach unten und sitzen, das Becken abkippend, im Sattel ein, möglichst ohne am Zügel zu rühren, um die Vorwärtsbewegung nicht zu hemmen.

Wir sind unnachgiebig: Sobald unser Pferd zu langsam wird, drücken wir auf der Seite mit Fuß oder Sporn an, wo die Schulter vorgeht. Lernen wir von den Spaniern: Ihre Pferde tragen einen Stirnriemen mit langen Lederfransen, der ebenso attraktiv wie fliegenwegwedelnd wirkt und daher „Mosquero" heißt. Dieser Mosquero dient aber auch der Kontrolle des effektiven Schritts: Wenn er hin und her peitscht, dann ist der Schritt schwungvoll und rhythmisch genug. Soweit das Ideal. In der Praxis lassen wir uns und unser Pferd (leider?) oft gehen und bummeln gedankenlos dahin.

Jog: Traben wie Schweben

Nachdem unser Pferd sich bisher als brav und gelehrig erwies, traben wir an, egal, ob auf dem Reitplatz oder im Gelände. Wir halten die Zügel in der linken Hand. Wir gehen Schritt. Wir bewegen die Zügelhand am Mähnenkamm entlang mit ein bißchen Schwung vor. Unser Pferd dürfte nun antraben. Wenn nicht, klopfen wir mit den Schenkeln ein wenig an die Flanken, und zwar beidseitig in Gurtnähe. Begleitende Stimmhilfe: Das Wort „Trab" oder „Jog" oder ein Klicken mit der Zunge am Gaumen (aber kein Schmatz-Kuß).

Der Trab stellt im Pferdetraining sicherlich die wichtigste Gangart dar. Im Trab können wir die Muskulatur des Pferdes am besten stärken und biegsam machen, damit es uns 25 und mehr Jahre lang glücklich und gesund dienen kann. Deshalb gehört der Trab sorgsam kultiviert. Der Trab muß Schwung aufweisen und Raumgewinn. Der dead slow jog der Western-Pleasure-Wettbewerbe ist eine Fehlentwicklung. Man kann ihn zwar bequem aussitzen, doch das Pferd wurde seiner Gehlust beraubt. Als Westernfreizeitreiter brauchen wir einen Trab, der so schnell ist, daß wir ihn gerade noch angenehm aussitzen können. Dazu machen wir unser Pferd nicht langsam, sondern wir versammeln es.

Jog kompakt:

Unser Pferd läßt sich im Trab nicht angenehm aussitzen?

▬ Wir nehmen die Zügel in beide Hände, und zwar etwa in Kniehöhe.

▬ Wir zupfen die Nase beizäumend herein, erst nach unten, dann nach hinten-oben.

▬ Sofort nach diesem etwas bremsenden Zügelsignal treiben wir mit den Schenkeln (Füßen, Sporen) beidseitig am Gurt.

▬ Unser Pferd versammelt sich.

▬ Und: Annehmen, nachgeben; annehmen, nachgeben...,bis wir haben, was wir wollen.

Unser Pferd wird dadurch rund. Aber nicht von heute auf morgen. Das aber ist kein Problem. Als Westernfreizeitreiter haben wir Zeit. Und im Lauf der Zeit entwickeln wir einen Trab, der unserem und dem Rücken des Pferdes angenehm und unschädlich wirkt. Mit dem so erzielten schwungvollen Jog lassen sich massenhaft Kilometer reiten, ohne daß sich unser Gesäß durch Stöße oder Reibung beleidigt fühlt.

Unser Sitzen bleibt dynamisch: Das Becken rollt in der Bewegung mit. Die Beine haben etwas mehr Spannung als im Schritt. Vorübergehend können wir mehr Gewicht vom Sattel in die Steigbügel delegieren, um nicht geworfen zu werden. Freund Pferd wird zufrieden reagieren, wenn ihm sein Reiter nicht in den Rücken poltert.

Locker im Galopp.

Das sogenannte Leichtreiten, übrigens, ist für uns Westernfreizeitreiter kein Thema. Es sieht nicht gut aus, treibt das Pferd auf die Vorhand, läßt unsere Jeans an den Waden hochklettern und würde bei langen Ritten unsere Schenkel wundreiben. Wir sitzen aus. Denn wir wollen eins sein mit dem Pferd. „Leicht"reiten kann höchstens eine vorübergehende Notlösung sein.

Galoppieren wie fliegen

Haben wir uns während des Joggens zwischendurch immer wieder versichert, ob unser „Whoa!" noch immer absolut felsenfest funktioniert, dann - aber nur dann - könnten wir ein bißchen galoppieren. Da das Pferd den Galopp als Fluchtgangart auffaßt, muß jeglicher auch nur leisester Ansatz zum Durchgehen energischst vermieden werden.

Vor einiger Zeit kam ich von einem Ausritt auf einen steinigen Weg, der zurück zum Stall führt. Zirka hundert Meter vor mir bemerkte ich einen jungen Mann aus unserem Reithof auf einem schweren Warmblüter. Er ging wie mein Pferd im Schritt. Plötzlich - offenbar aus Schreck vor mir - schoß das Tier los und verschwand bald aus meinen Augen. Der Warmblüter mußte die zwei Kilometer zum Stall in gestrecktem

Galopp zurückgelegt haben, denn als ich ankam, war er bereits völlig gewaschen und versorgt. Der Besitzer sagte kein Wort, ich auch nicht. Aber am übernächsten Tag kam der Tierarzt, und nun, nach sechs Monaten Ruhe, kann das arme Tier wieder vorsichtig geritten werden. Es hatte während der Boxenruhezeit zwei Koliken vor lauter Stehen. Ich kenne übrigens auch Leute, die nur bergauf galoppieren, offenbar, damit das Pferd dann vor Erschöpfung aufhört.

Grundsätzlich muß man im Gelände den Boden, auf dem man galoppiert, immer kritisch betrachten. Ist er zu hart oder zu tief, läßt man im Interesse der Pferdegesundheit davon ab. Ich durfte einmal in England in einem riesigen Schloßpark reiten und war sehr erstaunt, daß meine Führerin ausschließlich steinige Wege zum Galoppieren wählte, während wir auf akzeptablen Pfaden nur trabten.

Da es im Gelände prinzipiell keine Rolle spielt, auf welcher Hand wir galoppieren, können wir uns zum Angaloppieren der Methode der Old-Time-Vaqueros, der Gauchos, Araber und Berber bedienen. Das geht einfach so: Einhändige Zügelführung, egal mit welcher Zäumung. Aus dem Schritt oder Trab fahren wir mit der Hand in der in der Mitte des Mähnenkamms schwungvoll nach vor. Wir schicken dabei unserem Pferd einen „Schmatzkuß". Die meisten Pferde werden so ohne Schenkelhilfe angaloppieren, und zwar auf der linken Hand.

Auch wenn moderne Trainer bei solch urigen Methoden die Hände über dem Kopf zusammenschlagen: Es funktioniert. Vor allem gegen Ende eines anstrengenden Rittes kann sich unser Pferd so die ihm bequemere Seite zum Galoppieren aussuchen.

Hat unser Roß einmal einen gewissen Ausbildungsstand erreicht, so kommt dem korrekten Galoppieren auf beiden Händen große Bedeutung zu. Denn wenn ein Pferd immer links galoppiert, entwickelt sich seine Muskulatur ungesund einseitig, und wir werden überdies schief hingesetzt. Und vor allem bei längeren Ritten soll unser Pferd im Sinne gleichmäßiger Belastung abwechselnd einmal links und einmal rechts galoppieren.

Links angaloppieren im Westernstil kompakt:

▬ Zaun, Reitplatzbegrenzung, Bande, Hecke oder Gebüsch befinden sich zu unserer Rechten.

▬ Wir gehen im Schritt oder Jog.

▬ Wir biegen unser Pferd mit beiden Zügelhänden nach rechts (Konterschulterhereinstellung).

▬ Der linke Zügel liegt am Hals an.

▬ Wir belasten eher die rechte Gesäßhälfte.

▬ Mit dem rechten Schenkel (Fuß, Sporn) drücken oder klopfen wir (je nach Pferdesensibilität) hinter dem Gurt an.

▬ Gleichzeitig schicken wir unserem Pferd einen Schmatzkuß.

▬ Der linke Schenkel bleibt untätig.

Für den Rechtsgalopp funktioniert das ganze umgekehrt. Wenn unser Pferd und wir andere Galopphilfen gewohnt sind, so ist das okay. Mag unser Pferd auf einer Hand (meist ist es die rechte), nicht angaloppieren, so verstärken wir die Außenstellung bis zu einem Winkel von 45° zur Bande. Aus einer solch extremen Schrägstellung kann das Pferd gar nicht anders, als korrekt anzugaloppieren. Und wenn es (Holy Toledo!) doch kann und noch immer nicht den gewünschten Galopp aufnimmt? Dann hilft nur noch das Angaloppieren aus dem Rollback, das wir noch später kennenlernen.

Im Lauf der Zeit verabschieden wir uns von der unschönen Schrägstellung immer mehr und trachten, möglichst gerade anzugaloppieren. Unser Sitz bleibt möglichst in der beschriebenen Idealstellung, jedoch mit ein wenig mehr Druck in den Steigbügeln, in die wir etwas Gewicht aus dem Sattel delegieren können. Wenn wir hinunterschauen, sehen wir nun mehr als nur die Spitzen unserer Stiefel. Unser Becken / Gesäß rollt rhythmisch in der Bewegung mit, ohne den Sattel zu verlassen.

Will unser Pferd losstürmen, so bremsen wir es mit massivem „Whoa!" bei deutlichem Fersenrunterdrücken und Beckenabkippen und mit einem kräftigen Zügelanschlag nach unten-hinten zum Stillstand ein. Nach einer Pause galoppieren wir wieder an. In der Reitbahn können wir nun den Galopp weiter kultivieren, indem wir zuerst große Zirkel galoppieren, die im Lauf der Zeit immer kleiner werden, bis wir idealerweise zur Galoppirouette kommen. Zumindest aber Kreise von zwei bis vier Metern Durchmesser sollten wir eines Tages im Galopp schaffen. Denn diese kleinen Kreise sind ein exzellentes Mittel, unserem Pferd beizubringen, seine Beine zu sortieren. Denn es soll als Geländepferd ohne Gamaschen auskommen und sich auch bei schwierigen Galoppmanövern nicht Fesseln und Gelenke anschlagen. Bandagen bzw. Gamaschen halte ich für nicht so günstig, weil vor allem bei langen Ritten Steinchen von oben oder unten eindringen können, die schmerz- und ernsthafte Verletzungen bewirken könnten.

Galopp-Pirouette.

Beim Galoppzirkeln achten wir darauf, daß unser Pferd die Nase nicht nach außen hält. Wir können die innere Zügelhand etwa 40 Zentimeter nach innen halten, um dem Pferd quasi den Weg zu zeigen. Wir lehnen uns nicht nach innen, sondern sitzen gerade im Sattel. Wichtig: Unser Blick visualisiert stets mindestens einen Viertelkreis voraus! Dadurch werden unsere Kreise rund. Mit einfachen Galoppwechseln (d.h. mit Trab- oder Schrittübergängen) gehen wir dazu über, Achter zu reiten. Diese wichtige Übung machen wir immer wieder, ohne unser Pferd mit zuviel davon anzuekeln oder es in Atemnot zu bringen. Wir galoppieren einen 20-Meter-Kreis, werden immer kleiner, bis auf etwa 2 Meter, wechseln den Galopp (eines Tages fliegend) und fangen wieder einen großen Kreis an.

Steht uns zum Zirkeln kein Reitplatz zur Verfügung, so sollten wir auf eine von den Bodenverhältnissen für die Pferdefüße unschädliche Fläche im Gelände ausweichen. Haben wir auch die nicht, besteht kein Grund zur Verzweiflung: Wir können unser Pferd in Galoppseitengängen auf Wegen gymnastizieren, wie wir später noch sehen.

Aus dem Rechtsgalopp...

Fliegende Galoppwechsel

Ebenso viele Wege wie es nach Rom gibt, gibt es Methoden für fliegende Galoppwechsel. Hier eine, die für mich gut funktioniert.

Flying lead changes brauchen wir zwar nicht unabdingbar in unserer Reiterei, doch es macht Spaß, wenn wir unser Pferd galoppierend ohne Unterbrechung in alle Richtungen lenken können. Als Voraussetzung für die problemlose Schulung fliegender Wechsel sei genannt, daß das Pferd links und rechts aus dem Stand angaloppieren können sollte. Pferde, die mehr als drei Gänge haben, neigen eher zu Galoppwechselschwierigkeiten. Pferde, die links leichter angaloppier(t)en, wechseln leichter in den Linksgalopp. Fliegende Galoppwechsel machen Pferde manchmal hektisch. Vielleicht fürchten sie um ihr Gleichgewicht.

Westernfreizeitreiters fliegender Galoppwechsel kompakt:

▬▬▬ Wir galoppieren einen 20-Meter-Zirkel rechtsherum.

▬▬▬ Wir schauen (vorläufig noch und ausnahmsweise) rechts vorn hinunter.

▬▬▬ Jedesmal, wenn das rechte Vorderbein vorschnellt, sagen wir leise „Eins".

▬▬▬ Wir galoppieren weiter, sagen „Eins, eins, eins..." und überprüfen zwischendurch, ob wir noch im Rhythmus des rechten Vorderbeins sind. Notfalls korrigieren wir unseren „Eins"-Rhythmus.

Nun wollen wir neben unserem Rechtsgaloppkreis einen Linksgaloppkreis machen.

▬▬▬ Im Schnittpunkt der beiden Kreise sagen wir „Eins".

▬▬▬ Genau in dem Augenblick, wenn wir „Eins" sagen, geben wir die Hilfe für den Linksgalopp mit angenommenen Zügeln inklusive Kußschmatz.

▬▬▬ Wir befinden uns in diesem Augenblick genau im rechten Winkel zur Bahnlängsseite.

▬▬▬ Unser Pferd springt um und galoppiert im Linksgalopp in die neue Richtung.

... fliegend in den Linksgalopp.

Dadurch, daß wir den Wechsel im „X" machten, war unser Pferd im Rechtsgalopp noch nach rechts auf dem Zirkel gebogen. Der neue Galopp, der Linksgalopp, wird ihm erleichtert, weil unser Pferd im Augenblick der neuen Galopphilfe nach rechts schaut, das heißt im neuen Galopp noch nach außen schaut. Diese „Außenstellung" erleichterte unserem Pferd ja auch das korrekte Angaloppieren.

Fliegende Galoppwechsel sind zwar eine Augenblickssache, können aber trotzdem meist vom Reiter aus dem Buch gelernt und dann dem Pferd weitervermittelt werden. Wir verzagen nicht. Wir lesen sorgfältig, prägen uns den Vorgang ein, üben im Wohnzimmer ohne Pferd zu Fuß. Erst dann, wenn wir den Vorgang verinnerlicht und vom Hirn aus unserem Körper beibrachten, vermitteln wir ihn unserem Pferd. Nicht eher. Denn beim fliegenden Galoppwechsel passiert viel in kürzester Zeit. Und wir wollen Freund Pferd

nicht durch fliegende Unklarheiten verwirren. Wir haben Zeit. Jahre. Übrigens: Für den fliegenden Wechsel in die andere Richtung denken wir uns den oben beschriebenen Vorgang einfach um.

Beliebte Fehler:

Das Pferd wechselt nicht und geht im Außengalopp (Kontergalopp) weiter. Kamen die Hilfen im richtigen Augenblick?

Das Pferd wechselt nur vorn und nicht hinten. Es geht im Kreuzgalopp. Wahrscheinlich befanden wir uns im Augenblick des Galoppwechsels nicht genau im rechten Winkel zur Bahnlängsseite.

Das Pferd antizipiert, das heißt, es macht den Wechsel schon vor unserer Hilfe: Wir galoppieren wieder im Rechtsgalopp an. Bei „X" wechseln wir nicht, sondern lassen deutlich unseren linken Sporn am Pferd und galoppieren den neuen Kreis, den wir eigentlich im Linksgalopp machen wollten, im Rechtsgalopp (Kontergalopp). Dadurch lernt

Freund Pferd, unserer Hilfe und nicht seiner Intuition zu gehorchen. Das „X" kann überhaupt zu einem „neuralgischen" Punkt werden, an dem Pferde, die stets dort gewechselt werden, zappelig reagieren. Kontergaloppübungen können helfen.

Das Pferd reißt den Kopf hoch: Beizäumen, die Wechsel an andere Orte verlegen. Zum Beispiel diagonal durch die Bahn reiten. Wenn unser Pferd mit den Vorderbeinen den Hufschlag betritt, wechseln.

Die oben beschriebenen Galoppwechselhilfen funktionieren auch prima auf der Geraden. Wechsel auf der Geraden haben den Vorteil, daß Antizipieren schwererfällt. Unser Fern(st)ziel: Einserwechsel auf der Geraden mit geradem Pferd... In den Boden gesteckte Stangen (Abstand etwa 6 Meter) erleichtern unserem Pferd das Slalomgaloppieren mit fliegenden Wechseln.

Und wenn wir keine Reitbahn haben? Gewundene Waldwege eignen sich bestens. Wir wechseln immer genau dann, wenn der Weg sich in die neue Richtung biegt.

Atempausen

sind von höchster Wichtigkeit bei der Erziehung von Pferden, die im Kopf klar sein sollen. Es gibt zwei Arten davon.

Die konzentrierende Pause:

Wenn irgendeine Aktion, sagen wir ein unkontrolliert werdender Galopp, den wir abbrechen mußten, unser Pferd in Aufregung versetzt, machen wir eine Pause, um die Ordnung bei Zügeln, Geist und Körpern wiederherzustellen. Wir stellen unser Pferd ruhig hin, zupfen mit den Zügeln den Kopf in schöne Beizäumhaltung (und bringen vielleicht sogar die Pferdebeine in eine geschlossene Stellung). Wir konzentrieren uns mental auf die zu lösende Aufgabe, sagen nichts, loben das Pferd keinesfalls, geben keinesfalls ein Leckerli, streichen dem Pferd höchstens einmal beruhigend über den Hals. Wir atmen tief durch. Nach einigen Momenten, frühestens aber wenn die negative Stimmung aus Roß und Reiter gewichen ist, versu-

Entspannung und Leckerli genießen.

chen wir mit neuer Spannkraft unsere Aufgabe zu lösen.

Die Entspannungspause:

Hatten wir Erfolg, so tritt die zweite Art der Atempause in Kraft: Wir stellen unser Pferd ruhig hin, geben den Kopf frei, tätscheln, loben freundlich, spendieren ein Leckerli, lassen verschnaufen, lassen strecken. Wir lassen aber weder scharren noch fressen. Nach einigen Minuten Entspannung geht's weiter.

Belohnen - Strafen Liebe - Gewalt - Respekt

Wir verlangen viel, geben uns (notfalls) mit wenigem zufrieden und belohnen oft. Die Belohnung muß sofort erfolgen, damit unser Pferd uns richtig versteht. Wenn unser Pferd zum erstenmal z. B. einen fliegenden Galoppwechsel korrekt durchgeführt hat, ist das ein Anlaß, sofort abzusteigen, überschwenglich zu loben und das Pferd in den Stall oder auf die Weide zu stellen. Beim nächstenmal, wenn wieder der Galoppwechsel (z.B) fein geklappt hat, machen wir eine Entspannungspause und loben ordentlich. Zumindest aber tätscheln wir unser Pferd sofort nach dem Wechsel am Hals und loben es. Später, wenn die Wechsel schon zur Routine gehören, brauchen wir nicht mehr ausführlich dafür zu

loben. Und – nie vergessen! – das Absetzen von Zügel-, Schenkel- und sonstigen Hilfen ist die wichtigste Belohnung überhaupt.

Wer tut, was von ihm verlangt wird, hat das Recht, in Ruhe gelassen zu werden, auch wenn er ein Pferd ist.

Das gilt natürlich auch umgekehrt: Tut das Pferd nicht, was wir verlangen, bestrafen wir es durch unsere freundliche Beharrlichkeit, indem wir nie aufhören, das Verlangte zu fordern, ohne jedoch unser armes Pferd zur Verzweiflung zu bringen. Es kann immer wieder Situationen geben, wo unser Pferd uns offenbar nicht versteht oder körperlich überfordert ist oder schlicht Angst hat. Dies richtig einzuschätzen, ist Sache des denkenden Reiters. Wenn wir eine Übung erfolglos und frustriert-genervt abbrechen und unser Pferd in den Stall bringen, so weiß es: „Aha, wenn ich das so mache, werde ich in Ruhe gelassen." Auf diese Weise verstärken wir negatives Verhalten. Oder: Ein Pferd klopft unablässig an die Boxentür und kriegt Heu, damit es aufhört. Ein klassischer Fall von falscher Belohnung. Dieses Pferd wird erfolgreich weiterklopfen.

Das bei manchen Leuten beliebte „Im-Maul-Abstrafen", d.h., schmerzhaftes Herumreißen, ist schlechthin eine Gemeinheit.

Seien Sie froh, wenn Sie ein Pferd haben, das resolut genug ist, nach dem Sporn zu schlagen, wenn Sie zu fest ankommen: Ihr Pferd hat seine Ehre und seinen Überlebenswillen noch nicht aufgegeben. Es soll uns wiederum immer eine Ehre sein, mit einem solch starken Partner zusammenzuarbeiten. Als Westernfreizeitreiter haben wir Zeit dazu. Millionen von armen Pferden müsssen in die „innere Emigration" gehen, weil ihre Reiter sie auf miese Weise unterworfen haben. Sie können sich nur durch ihre Passivität und „Dienst nach Vorschrift" für die menschliche Gemeinheit rächen. Doch gibt es immer noch starke Persönlichkeiten unter den Pferden, die sich nicht ungestraft mißhandeln lassen, andererseits aber dem verständnisvollen Reiter alles geben.

Mit Gewalt kann man Probleme vielleicht schnell, aber wahrscheinlich nicht dauerhaft lösen. Aus eigener Erfahrung weiß ich, daß, wann immer ich meine Pferde aus Unbeherrschtheit geschlagen habe, nie etwas Gescheites dabei herauskam. Denn wie soll eine Partnerschaft florieren, wenn ein Partner vor dem anderen Angst haben muß? Womit ich nicht sagen will, daß unser Pferd sich uns gegenüber frech und respektlos benehmen darf. Doch der Respekt muß auf Gegenseitigkeit beruhen. Das Pferd soll unsere Überlegenheit, aber auch

unser Wohlwollen spüren. Es handelt sich um eine Überlegenheit , die von Wissen und Liebe geleitet ist.

Von Gangart zu Gangart

Western Pleasure unterwegs

Wesentlich besser als in der Reitbahn können wir im Gelände geschmeidige Übergänge zwischen den Grundgangarten üben, wie man sie z. B. in der Turnierdisziplin Western Pleasure erstrebt. Denn die Gegebenheiten des Geländes, die Wegqualitäten machen unserem Pferd die Übergänge völlig plausibel. Auf dem schottrigen, steinigen Weg bewegen wir uns im Schritt. Kein

Pferd, das seine Instinkte klar beisammen hat, wird darauf freiwillig blind losrennen. So etwas tun höchstens durch falsche Haltung, Fütterung oder Ausbildung psychisch gestörte Tiere. Übrigens: Der Schritt unseres Pferdes soll uns – das klingt irgendwie komisch – ein Gefühl der Geschwindigkeit vermitteln. Guter Schritt ist kein ödes Dahinlatschen. Guter Schritt fadisiert nicht.

Aus dem schwungvollen Schritt können wir sanft antraben, wenn der Weg es erlaubt. Wir ermuntern unser Pferd mit Zungenklicksen, und es wird meist ohne weitere Hilfe lostraben. Stets achten wir auf ein

Western Pleasure unterwegs.

gewisses angenehmes Schweben in dieser Gangart. Wir bewegen uns harmonisch durch die Landschaft, sind Teil von ihr, nicht Benützer. Unser Jog gewährt einerseits angenehmen Sitz, andererseits kennzeichnet ihn (wie alles, was wir tun) Schwung. „It don't mean a thing if it ain't got that swing", heißt es im Jazz-Klassiker. Ein Grundsatz, der auf alles gute Reiten zutrifft.

Wenn wir nun wieder in den Schritt übergehen wollen, versuchen wir

mals ziehen! Annehmen, nachgeben; annehmen, nachgeben...Je dezenter wir vorgehen, desto williger wird unser Pferd die Übergänge ausführen.

Funktionieren die Schritt-Trab-Übergänge manierlich, können wir auf gutem Boden angaloppieren, wobei die Stimmhilfe – der „Kußschmatz" – nicht fehlen soll. Wie im Trab drücken wir zum „Gangrunterschalten" die Fersen nach unten-vor, kippen das Becken ab, machen „klicks, klicks, klicks" und befinden

sammelnde Konzentrationspause. Wenn wir unser Pferd auf Kandare gezäumt haben, muß es mit solchen Kraftproben vorbei sein.

Normalerweise wird unser Pferd problemlos in den Trab übergehen, eher sogar in den Schritt, weil unser Körpersignal stark dem „Whoa!" ähnelt. Wir müssen daher, falls nötig, nach dem Fersenrunterdrücken und Beckenabkippen die Schenkel zur Trabhilfe anlegen oder antippen und mit Zunge und Gaumen klicksen, damit das Pferd nicht vom Galopp in den Schritt fällt. Auf diese Weise versammeln wir unser Pferd auch wunderbar. Wie man aus dem Galopp in den Schritt übergeht, wäre hiermit auch schon beschrieben.

Zwangspause bei einem Gewitterguß.

ohne Zügel auszukommen, schließlich befinden wir uns in der Hohen Schule des Ausreitens. Wir sagen „Schritt" oder „Walk", drücken die Fersen nach unten-vor, kippen das Becken ab, sitzen dadurch „ein". Normalerweise versteht uns unser Pferd sofort. Falls doch nicht, bremsen wir es durch sanfte Zügelzupfer ein, notfalls auch beidhändig. Nie-

uns wieder im Trab. Klappt das nicht, müssen wir zum Zügel greifen. Sobald die Sache auch nur hauchzart nach Durchgehen aussieht, führen wir unser „Whoa!" mit den dazugehörigen Sitzhilfen aus und stoppen unser Pferd mit einem fulminanten EINSEITIGEN Zügelanschlag nach hinten-unten-seitlich, notfalls mehrmals. Es folgt eine ver-

Um und Auf dieses Trainings der sanften Übergänge ist häufiges Üben im Gelände und später vielleicht auf dem Reitplatz. Je öfter wir die drei Gänge hinauf- und hinunterschalten, desto besser wird unser Pferd uns verstehen. Das Reiten im Gelände wird zur Pleasure, d.h. Freude, denn wir finden für uns und unser Pferd stets Beschäftigung. Für uns Westernfreizeitreiter bedeutet ein Pferd, mit welchem wir ohne Kampf und Krampf, ohne Angst, ohne schmerzende Hände, ohne Schweiß unterwegs sein können, eine schon sehr weitgehende Erfüllung unserer reiterlichen Erwartungen.

Wir wollen mehr

Reining-Training & Co.

Anders als beim Auto können wir aus dem Stand in den Trab (zweiter Gang) und Galopp (dritter Gang) schalten, eine etwas schwierigere, doch sehr lohnende Übung.

SCHNELLSTART

Aus dem Stand in die Bewegung

Um aus dem Stand in den Trab zu kommen, versammeln wir unser Pferd. D. h., wir zäumen es im Stand durch Hand- oder besser Fingerzupfer bei. Und mit den Sporen ticken wir leicht beidseitig am Gurt. Oder – noch besser – wir klingeln mit den Sporen nur beidseitig.

Unser Pferd hat nun die Ohren zu uns gerichtet und ist bereit zu gehorchen. Nun versetzen wir mit scharfem Klicksen und den Schenkeln oder Sporen unser Roß blitzartig in den Trab. Wenn es heute nicht sofort mit dem Trab beginnt, dann eben morgen oder übermorgen. Im Lauf der Zeit können wir mit weniger ausgeprägten Hilfen auskommen.

So vorbereitet können wir dann aus dem Stand angaloppieren. Wir versammeln unser Pferd wieder durch Zügelvibrationen und Sporenklingeln. Unser Sporn klingelt für den Linksgalopp rechts, ein Aviso an unser Pferd, sich für den Linksgalopp bereitzumachen. Der linke Zügel berührt die linke Halsseite. Dann, wenn unser Pferd mental und körperlich für das Kommende gespannt ist, geben wir eine der Pferdesensibilität entsprechend wirksame Galopphilfe. D. h., wir drücken/klopfen mit Schenkel (Fuß, Sporn) hinter dem Gurt an und

Sassy tritt rückwärts...

schmatzen laut und auffordernd. Falls nötig, könnten wir zusätzlich schwungvoll die Zügelhand am Mähnenkamm lang vorwärts bis hinter die Ohren schießen lassen.

Funktionieren Antraben und Angaloppieren aus dem Stand klaglos, verfolgen wir unsere übliche Politik: Wir versuchen die Auffälligkeit der Signale zu reduzieren. Unser Ziel soll stets ein Pferd sein, das für den Betrachter wie durch Gedankenübertragung mit seinem Reiter kommuniziert. Die Unauffälligkeit der Hilfen konnte übrigens in Zeiten der Kampfreiterei von lebenswichtiger Bedeutung sein. Denn der Gegner sollte unser nächstes reiterliches Manöver möglichst nicht vorsehen können. Für die Buckaroos, die amerikanisierten Nachfahren der spanisch-mexikanisch-kalifornischen Vaqueros, gehört das Reiten mit unsichtbaren Hilfen zur wichtigen Prestigefrage. Für uns Westernfreizeitreiter auch. Hinzukommt, daß wir uns ja ständig auf der Suche nach Harmonie mit unserem Pferd befinden.

Die Hohe Schule des Ausreitens

Wie die Übergänge von Gangart zu Gangart, wie das „Ansprengen" in den Galopp aus dem Stand eignen sich weitere Übungen ideal für das Reiten im Gelände, wo man eigentlich ein Pferd voll ausbilden kann, ohne einen Reitplatz oder eine Halle zu haben. Der Beritt durch die oldtime Vaqueros, Gauchos, Domadores spielte sich selten oder nie in einer Reitarena ab. Wenn wir modernen Westernfreizeitreiter von ihnen das Gute annehmen, kann das für uns nur profitabel sein. Denn, erstens, macht es uns Spaß, in der Gegend herumzureiten. Zweitens bekommt unserem Pferd mental das Training viel besser als in der Bahn. Zusammen genießen wir Licht, Luft, Sonne, das Wechselspiel der Jahreszeiten und die Wetterlagen. So nützen wir auch unserer Gesundheit und Abwehrlage gegen Erkältungskrankheiten und andere Wehwehchen, welche den Stubenhocker und Zentralheizungsaficionado plagen. Und: Ich weiß nicht, welches Gelände Sie daheim zur Verfügung haben. Aber ich denke, jede auch noch so spannende Gegend erschöpft sich eines Tages in gewisser Weise. Hier kann es uns helfen, wenn wir die bereits erwähnten Übungen – und noch weitere – in die Landschaft verlegen. Unser Pferd jedenfalls wird erfreut sein.

EXKURS

von menschenreitenden Affen

Tiere, die tagtäglich nur in der Reithalle und auf dem Reitplatz Bewegung finden, gehören zu den armen Kreaturen dieser Erde. Waren es einst die Kohlengrubenpferde, die, einmal in die Tiefe gebracht, nie mehr das Licht des Tages erblickten, so gehören heute viele Schulpferde zu den Glücklosen, welche den Himmel höchstens auf dem Weg vom Stall zur Reithalle sehen dürfen. Stellen wir uns folgendes vor: Wir wären in Gefangenschaft kleiner, kluger Affen, gegen die wir nicht ankämpfen können, so schlau und geschickt sind sie. Und wenn wir uns allzu wild und ungehorsam gebärden, schicken sie uns zum Schlachter, der leckere Affenspeisen

...und schnellt dann in den Galopp, wie auch die hochgeschüttelte Mähne zeigt.

aus uns macht. Wir riechen, daß sie Menschenfleisch essen. Wir fürchten diese klugen, starken, geschickten Affen. Sie sperren uns in einen etwa klogroßen Raum, füttern und pflegen uns zugegebenermaßen „human". Doch raus dürfen wir selten. Und wenn, dann dürfen wir nur im Turnsaal an einem Strick im Kreis rennen oder an der Wand lang. Sie binden uns einen Rucksack um und schnallen ihn mit einem Brustgurt so fest, daß er aufs Herz drückt. Dann setzen sie sich auf unseren Rücken und treiben uns genau dorthin, wo, und genau so, wie sie wollen. Wenn wir Schwierigkeiten machen, gibt es Saures. Manchmal im Jahr, wenn es nicht zu kalt oder zu warm ist, dürfen wir sie auf einem großen Turnplatz im Freien herumtragen. Wir freuen uns und springen vor Freude. Aber mit dem verdammten Draht im Maul und mit den Stacheln an den Füßen und mit Peitschen disziplinieren sie uns nieder...

Genug von von solch düsteren Visionen. Westernfreizeitpferde verfügen durch geeignete Schulung über genug Nervenstärke, daß wir mit ihnen problemlos ausreiten können - im Gegensatz zu vielen armen Gäulen, die oft so verrückt gemacht wurden, daß sie gerade noch in der Bahn zu brauchen sind. Und natürlich tragen unsere Pferde auch keine sinnlosen Sliding-Eisen, mit denen sie zwar beim Stoppen spektakulär rutschen würden, allerdings nicht nur nach dem Rundown, sondern auch auf nassen Erdwegen und Koppeln. Weswegen diese bedauernswerten Sliding-Tiere zumindest während der Turniersaison hauptsächlich zwischen Box und Bahn hin und her pendeln, damit es nicht zu siegeshemmenden Verletzungen kommt.

Aus dem Rückwärtsrichten in die Bewegung

Zurück zu den Übungen, die unsere Ausritte abwechslungsreich und

unser Pferd muskulös und geschmeidig machen. Wenn wir ab und zu rückwärtsrichten, versammeln wir unser Pferd sehr stark, da es dabei korrekterweise die Nase einziehen muß und mit der Hinterhand stark unter seinen Bauch tritt. Ideal wäre bis etwa zum hinteren Sattelrand. Wenn wir nun direkt aus dem Rückwärtsrichten nach vor im Schritt anreiten, bleibt viel von der Versammlung im Vorwärtsgang erhalten. Die Signale für das Rückwärtsrichten und Anreiten im Schritt kennen wir bereits.

Bald können wir unser Pferd aus dem Rückwärtsrichten auch antraben und angaloppieren. Wir müssen verlangen, daß unser Pferd sofort und ohne Zwischenschritte aus dem Rückwärtsrichten in die gewünschte Gangart springt. Besonders wenn unser Pferd aus schwungvollem Rückwärtsrichten wie eine Rakete in den Galopp vorwärts schießt, schlägt unser Reiterherz höher. Dabei vermeiden wir Kuddelmuddel, wenn wir ruhig und gerade rückwärtsrichten, denn solches Training kann unser Pferd leicht „heiß" werden lassen. Nötigenfalls Konzentrationspausen einlegen. Wenn das Pferd die Übung Rückwärtsrichten-Anspringen in den Galopp einmal gut ausführt, nicht mehr zu oft üben, damit der Bewegung nicht Feuer und Brillanz genommen werden.

Stoppen

Wir mußten natürlich schon bisher unser Pferd anhalten. Es wurde gegenüber unserem Stoppsignal immer sensibler und hielt bald auf der Stelle an, vor allem aus dem Schritt. Wir gingen im Lauf der Zeit dazu über, auch aus dem Trab öfter zu stoppen und aus dem Galopp, wenn unser Pferd zu heftig wurde. Das Stoppen unter großer Staubaufwirbelung mit blockierender Hinterhand, trabenden Vorderbeinen entwickelte sich zum Markenzeichen des modernen Westernreitsports, nicht immer zum Vorteil der Pferdegesundheit. Es zeugt nicht unbedingt von Pferdeverstand, wenn bereits Zwei- und Dreijährige ausgiebig stoppen und drehen müssen. Solches Vorgehen beeinträchtigt auf lange Sicht die Gebrauchsfähigkeit der Pferdebeine.

Als Westernfreizeitreiter brauchen wir bei Unsinnigkeiten nicht mitzumachen. Wir brauchen keine Sliding-Eisen, weil diese die Aktionsfähigkeit des Pferdes für andere Sachen als Reining einschränken. Wir lassen uns mit dem Stoppen aus dem Galopp solange Zeit, bis unser Pferd im Trab perfekt und auf der Stelle stoppt. Idealerweise sollte es dabei die Kruppe senken, doch das muß ja nicht unbedingt sein. Wir suchen uns zum Stoppen aus Trab und Galopp mit Verantwortsbewußtsein einen

Sanfter Galopp-Stopp. Hier wurde der Stopp eingeleitet, die Vorwärtsbewegung ist aber noch da, wie wir an meiner Fliegefrisur und an der kleinen Sandwolke sehen, in der Sassy rutscht.

sicheren Boden aus. Denn nach unserem bisherigen Training wird unser Pferd höchstwahrscheinlich so brav und vertrauensvoll sein, daß es auf unser Kommando auch aus voller Karriere auf dem rauhesten Boden auf der Stelle stoppt. Auf dem Reitplatz suchen wir uns Stellen aus, die nicht zu tief sind, ebenso im Gelände. Steine und Wurzeln sind tabu. Manchmal können wir unsere Sliding-Gelüste befriedigen, indem wir in abtrocknenden, schlüpfrigen Pfützen stoppen.

Wenn wir immer an der gleichen Stelle stoppen, antizipiert unser Pferd. D. h., es ahnt bereits im voraus, was wir wollen und führt unsere Anweisung Sekundenbruchteile eher aus, als wir sie überhaupt gegeben haben. Pferde können

Gedanken lesen. Sie erspüren jede noch so kleinste Spannung in uns. Damit müssen wir leben. „Naja, gut, umso besser, wenn das Pferd weiß, was es zu tun hat", möchte man meinen. Doch das vermaledeite Antizipieren, das Vorwegnehmen, führt fast immer zu kleinen oder größeren Durcheinander-Situationen. Daher versuchen wir dem Antizipieren zu begegnen, indem wir die Erwartungen des Pferdes gezielt enttäuschen. Wenn unser Pferd eifrig denkt „So, da kommt nun die Stelle, wo immer gestoppt wird, ich stoppe gleich", so wird dieser Stopp meistens eher weniger brillant ausfallen und nicht genau zu dem vom Reiter gewünschten Zeitpunkt. Daher reiten wir schwungvoll weiter und stoppen anderswo. Lob, Entspannung,

Leckerli. Lassen wir das Antizipieren großzügig zu, werden wir im Lauf der Zeit ein Pferd erzogen haben, das über genug Selbstvertrauen verfügt, unsere ganze Reiterei nach seinen Ideen zu gestalten...

Westernfreizeitreiters Stopptechnik kompakt:

▬▬▬ Unser Pferd galoppiert (vorläufig) nicht zu rasch.

▬▬▬ Wir warten den Augenblick ab, in dem das Pferd vorn in die Höhe geht.

▬▬▬ Wir sagen deutlich „Whoa!"

▬▬▬ Wir drücken die Fersen nach unten-vor.

▬▬▬ Gleichzeitig kippen wir dabei unser Becken nach vor, sodaß wir einen leichten Buckel machen

▬▬▬ Wir zupfen mit EINEM Trensen- oder Hackamore-zügel nach hinten-unten und lassen sofort wieder los

Zusätzliches:
Mit dem anderen Zügel können wir die Nase nötigenfalls herunterholen, aber erst Sekundenbruchteile NACHDEM der andere Zügel das Stoppsignal gab.
Nachdem wir mit den Füßen das Stoppsignal gaben, können wir sie und/oder die Sporen hinter dem Gurt an den Pferdeleib legen, um die Hinterhand vermehrt unter die Körpermasse zu treiben.

Dadurch, daß wir nur mit einem Zügel stoppen, kann unser Pferd sich nicht auf die Hand legen und wird so hinten stoppen.
Der Zügelzupfer oder -anschlag entspricht in seiner Stärke der Pferdesensibilität und dem Ausbildungsstand. Mit Kandare deuten wir den Anschlag nur noch an bzw. garantieren die Kopfstellung. Wenn wir und unser Pferd gut drauf sind, können wir auch eines Tages zwischendurch ohne Zügel freihändig stoppen. Ein Pferd stoppt man nicht mit der Hand. Ein Pferd stoppt man mit Stimme, Sitz und Füßen. Wer sein Pferd, wenn überhaupt, nur mit Brachialgewalt zum Stehen bringt, sieht nicht nur lächerlich aus, sondern gefährdet auch sich und seine Umwelt.

Warum wir immer nur EINEN Trensenzügel annehmen?

Erstens bekommt das Pferd so keine Gelegenheit, sich auf die Trense zu legen. Es muß so hinten stoppen und nicht mit den Vorderbeinen, wie man es bei allen Reitern sieht, die mittels Zügelzieherei anhalten.
Zweitens: Nehmen wir beide Trensenzügel gleichzeitig an, stellt sich die Trense im Maul spitz auf, klemmt die Zunge ein, sticht in den Gaumen. Wir wollen unserem Pferd nicht weh tun. Wer Schmerzen hat, lernt nicht gut.
Man sieht: Der Stopp, ein komplexer Vorgang, den wir uns einmal

zunächst in aller Ruhe und Ausführlichkeit wie jedes andere Manöver daheim im Wohnzimmer vorstellen und ohne Pferd körperlich ausführen. Mit solcher Vorbereitung steigen wir aufs Pferd, probieren die Sache in aller Ruhe im Schritt, eines Tages im Trab und ohne sinnlosen Ehrgeiz eines Tages im Galopp. Niemand zwingt uns Westernfreizeitreiter, wir haben Zeit und sind nur unserem Pferd verantwortlich. Wenn unser Pferd den Stopp einigermaßen gut beherrscht, dürfen wir aus lauter Freude und Stolz nicht ständig harte Stopps von ihm verlangen. Unser Pferd würde bald stoppsauer und nicht mehr schön auf der Hinterhand stoppen, einerseits weil ihm der Streß zu blöd wird, andererseits, weil es vielleicht vom vielen Stoppen Schmerzen kriegt. Drei Galoppstopps über die ganze Woche verteilt halte ich für genug. Falls wir dann vor etwaigen Zuschauern brillieren wollen, hat unser Pferd noch immer genügend mentale und körperliche Reserven. Nach Kurswochenden, Shows, Showtraining und Turnieren, wo es der Stopps genug gibt, können einige stopplose Wochen nicht schaden.

Der Rollback

gehört zu den schönsten Übungen beim Westernreiten. Das Pferd wirft sich nach dem Stopp auf der Hinterhand herum und galoppiert in die Gegenrichtung. Der Rollback kann aus vorherigem Schritt, Trab oder Galopp ausgeführt werden.

Vorbereitungsarbeit:
Zunächst müssen wir langsame Hinterhandwendungen schaffen. Wir reiten im Schritt an Zaun (Reitbahnbegrenzung, Hecke...) lang, stoppen, fordern mit Zügelzupfern unser Pferd auf, sich auf der Stelle vom Zaum weg in die entgegengesetzte Richtung zu drehen. Immer wieder den inneren Zügel annehmen, nachgeben; annehmen, nachgeben... Mit dem äußeren Zügel sorgen wir für korrekte Kopfstellung. Wir ziehen unser Pferd nicht herum. (Dazu wäre es auch viel zu schwer.)

Roll Back nach links.

Unser Außenschenkel liegt verwahrend hinter dem Gurt, damit die Kruppe nicht weggeht. Der Außenschenkel kann sogar ein bißchen treiben, als wäre die Sache eine Vorwärtsbewegung. Der Innenschenkel tut nichts oder treibt nötigenfalls ein wenig mit. Der Zaum hinter uns verhindert eventuelles Rückwärtsgehen des Pferdes. Wenn unser Pferd in die entgegengesetzte Richtung schaut, galoppieren wir an. Funktioniert alles, so führen wir die Übung mit zwei Metern Abstand vom Zaun aus, drehen unser Pferd in die entgegengesetzte Richtung so, daß es während der Drehung zum Zaun schaut. Wir galoppieren an.

Rollback für Westernfreizeitreiter kompakt:
▬▬▬ Wir galoppieren im Linksgalopp mit zwei Metern Abstand am Zaun lang.
▬▬▬ Wir stoppen unser Pferd.
▬▬▬ Wir warten einen Atemzug lang.
▬▬▬ Mit Zügelzupfern drehen wir unser Pferd zum Zaun.
▬▬▬ Wenn sich unser Pferd nun im rechten Winkel zum Zaun befindet, galoppieren wir energisch mit Außenschenkel und Kußschmatz an.
▬▬▬ Unser Pferd wirft sich in die Gegenrichtung und galoppiert dabei rechts an.

Um mehr Rasanz herauszubekommen, können wir in dem Augenblick, wo sich unser Pferd im rechten Winkel zum Zaun befindet, ihm mit einem Quirt einen wohldosierten Klaps auf die Kruppe geben. Den Quirt halten wir dann mit der Außenhand.
Vorsicht bei sensiblen, eifrigen Pferden. (Der Quirt, eine kurze Lederpeitsche, dient im Cowboyalltag für etwaige kriegerische Auseinandersetzungen mit dem Pferd. Er ist besser als eine Gerte, weil er laut klatscht.)

Im Lauf der Zeit wird unser Rollback an Tempo gewinnen. Unser Pferd wird sich bald bereitwillig herumwerfen und dabei hurtig in die Gegenrichtung flitzen. Es wird sich dabei sogar – was ich sehr ausdrucksvoll finde – mit der Vorderhand ein wenig vom Boden heben, um herumzuspringen. Dieser Old-Time-Rollback wird im modernen Reining-Turnierbetrieb nicht mehr so gern gesehen. Ich finde ihn aber so schöner. Haben wir zweihändig fleißig geübt, wandern unsere Hände im Lauf der Zeit immer enger zusammen, bis wir den Rollback einhändig schaffen. Das Pferd wird unsere Körpersprache verstehen und willig den Rollback ohne seitlichen Zügelzupfer ausführen.

Übrigens: Für den Rollback in die andere Richtung muß man sich das obige Kochrezept einfach umgekehrt vorstellen. Für besonders hartnäckige Verweigerer des Rechtsgalopps kann der Rollback als wirksames Heilmittel dienen. Wenn wir uns in der Reitbahn mit nicht ganz sattelfesten Reitern befinden, halten wir Abstand oder verlegen unsere Rollbackübung an einen anderen Ort. Denn das Stoppen und Herumwerfen signalisiert im (selten gewordenen) freien Pferdeleben Gefahr und Fluchtnotwendigkeit. Pferde, die dieses rasante Manöver nicht schon kennen, könnten scheuen.

Wie beim Galoppstopp sollten wir beim Rollback noch mehr Zurückhaltung üben, wenn unser Pferd ihn einigermaßen korrekt durchführt. Denn der Rollback ist ein Manöver, welches das Pferd selbständig durchführen muß. Besonders mit Kandare können wir ein Pferd nicht mehr herumreißen, ohne ihm Schaden zuzufügen und unschöne Anblicke zu produzieren. Ein rollbacksaures Pferd zu korrigieren, dürfte auch für den Profi nicht ganz leicht sein. Sollte es Ihnen passieren, daß Ihr Pferd den Rollback nicht mehr so toll macht wie ehedem, so haben Sie sich vielleicht vor Begeisterung oder Stolz zu einer übergroßen Anzahl an Rollbacks hinreißen lassen. Nach einigen Wochen Rollbackpause fangen wir in solch einem Fall wieder mit dem Rollbackbasistraining an, bis wir

wieder an das vorherige Niveau gelangen. Für faule Pferde genügen vier Rollbacks pro Woche. Rollbacks auf Ausritten gelingen besonders spritzig, wenn das Pferd weiß, daß sie in Richtung Heimat stattfinden.

Speed Control

bedeutet zu deutsch „Geschwindigkeitssteuerung" und bezieht sich in der Reining auf die Dosierung der Galoppgeschwindigkeit, eine Fähigkeit, der für uns Westernfreizeitreiter in Gelände und Bahn einige Bedeutung zukommt. Denn wie in der Turnier-Reining müssen und wollen wir jede Bewegung unseres Pferdes unter Kontrolle haben. Und es ist natürlich besonders reizvoll, ein Pferd in vollen Galopp zu setzen und darauf ohne Zügeleinwirkung das rasende Tempo zu verlangsamen. Wir wissen schon: rasendes Tempo im Gelände verlangt adäquaten Boden. Doch steht uns ein Sand- oder Erdweg ohne Steine zur Verfügung, so gehört es zu den faszinierenden Seiten der Reiterei, einmal so richtig anzugasen. Sicherheitshalber versuchen wir die Speed Control erst in der Bahn auf dem Zirkel, wo unelegantes Zügelgezerre nach unserer bisherigen Ausbildung eher weniger vonnöten sein dürfte.

Wir „chasen", d. h. jagen das Pferd im Galopp vorwärts, indem wir die Zügelhand den Mähnenkamm

vorschießen lassen, dadurch Gewicht aus dem Sattel nehmen. Wir schmatzen auffordernd. Diese Hilfen setzen wir wohldosiert und mit Vorsicht ein, um unser Pferd nicht zu beunruhigen und zu heilloser Flucht zu treiben. Um die

Rollback-Phasen:
Oben: Criollo-Wallach Chico senkt in der Drehung die Kruppe so stark, daß er ordentlich Luft unter die Satteldecke kriegt.
Unten: Aus dem Rollback herausspringen.

Geschwindigkeit wieder wegzunehmen, sollte vermehrtes Einsitzen im Sattel - Fersen hinunter-vor drücken, Becken abkippen - ausreichen, ohne den Zügel einzusetzen.

Klappt es in der Bahn, so gehen wir damit ins Gelände, wenn die Verhältnisse es erlauben. Wir haben nichts von toller Speed Control, wenn unser Pferd danach zwei Monate lahmt. Besonders bei Gruppenausritten bewährt sich effektive Speed Control: Unser Pferd tut, was wir sagen und nicht, was ihm sein Herdeninstinkt eingeben möchte, wie man das bei unkontrollierter Reiterei leider nur zu oft sieht.

Dry work? Lieber ins Gelände

Wir haben schon bisher gemerkt, daß uns für unsere Ritte in Umgebung des Reitstalls ein großes Repertoire an möglichen Übungen offensteht, das wir nun noch erweitern können. Das moderne Westernreiten ist ja grundsätzlich eine Stilisierung des Arbeitsreitens der amerikanischen Hirten. Ein Cowhorse muß die bisher erörterten Manöver beherrschen. Es muß sich genau und verläßlich nach Wünschen des Reiters von Gangart zu Gangart bewegen lassen. Es muß auf der Rindviehverfolgung stoppen und rollbacken können, wenn das tückische Longhorn sich in den Kopf setzt, plötzlich in die Gegenrichtung

zu flüchten. Es muß nicht spinnen und sliden. Die Stilisierung der Arbeitsreiterei sowie die Entwicklung der Turmierreiterei weg von der Praxis bedeuten für das Pferd unter Umständen eine psychisch schwer verkraftbare Abstraktion. Wir können zumindest dadurch helfen, sie dem Pferd weniger abstrakt zu machen, indem wir viel im Gelände trainieren. Das Problem des Zuviel an „dry work" in der modernen Reiterei rückt mittlerweile immer stärker ins allgemeine Bewußtsein. So etwa arbeitet der US-Star-Trainer Bob Avila mit seinen Reining-Futurity-Prospects von Anfang an mit Rindern, die er sich extra zu diesem Zweck hält. Dadurch bewahrt er seine Pferde vor Streß und Sauerkeit. Doch diese Option steht uns meist rindviehlosen Westernfreizeitern kaum offen.

Andererseits, wie man es auch dreht und wendet: Das Westernreiten orientiert sich auch in seiner modernen Ausformung als Turniersport noch immer stark an der Gebrauchsreiterei, wenn man den Vergleich mit anderen Reitweisen anstellt.

Seitengänge machen unser Pferd besser

Seitengänge sind nicht gerade „western" (was uns nicht kümmern soll), finden jedoch in den USA auch

bei Westernreitern zurecht immer mehr Anklang. Doch was soll ein Cowboy mit solchem „Dressurschnickschnack"? Der international anerkannte Westerntrainer Bob Mayhew empfiehlt Seitengänge, weil sie dem Pferd vermitteln, daß es seine Beine ohne Angst überkreuzen kann. Seitengänge helfen uns außerdem bei der enorm wichtigen Biegsamkeit des Pferdes. Ein Pferd ohne Biegsamkeit ist nicht für seine Aufgaben disponibel und wird sich dadurch mit Erfolg dagegen wehren können und wollen. Es wird wesentlich früher als ein gymnastiziertes Pferd verschlissen und nicht mehr diensttauglich sein. Ein biegsames Pferd läßt sich leichter und angenehmer reiten als ein steifes. Und – last but not least –: Die ästhetische Qualität der Seitengänge läßt dieses noble Tier oft noch nobler erscheinen. Ein über den Reitplatz im Travers schwebendes Pferd gehört zu den erhebenden Anblicken dieser Erde.

Wie viele andere Übungen, so können wir auch das Seitengangtraining hinaus in die Natur verlegen. In der Tat bieten die Seitengänge für alle Reiter, die winters nur über einen gefrorenen oder tief verschlammten Reitplatz verfügen, eine wunderbare Trainingsmöglichkeit, da wir quasi Zirkel auf der Geraden reiten können. Wir suchen uns einen ebenen Weg ohne Traktor-

Travers im Gelände.

rillen, mit etwas Laub darauf, wenn alles sonst gefroren ist. Das Reiten von Seitengängen bringt noch mehr Abwechslung in unsere Ausritte. Freund Pferd trainiert, ohne zu bemerken, daß „Arbeit" auf dem Programm steht.

Grundsätzlich gibt es zwei Arten von Seitengängen: Das Schulterherein und das Kruppe-Herein, besser bekannt als „Travers".

Schulterherein kompakt:

▬ Unser Pferd geht auf der linken Hand, d. h., der Zaun (die Reitplatzbegrenzung, eine Hecke, Büsche) befindet sich zu unserer Rechten.

▬ Mit beiden Zügeln führen wir Kopf, Hals und Schultern nach links. Die rechte Hand drückt dabei vorläufig helfend rechts gegen den Widerrist.

▬ Mit dem linken Schenkel (oder Sporn) am Gurt treiben wir unser Pferd gerade vorwärts.

▬ Der rechte Schenkel liegt bei Bedarf verwahrend hinter dem Gurt, um das Ausfallen der Kruppe zu verhindern.

▬ Unser Pferd geht nun auf zwei Hufschlägen im Winkel von 30 bis 45 Grad zum Zaun, idealerweise etwa so gebogen wie eine EU-Norm-Banane.

▬ Unser Pferd schaut nicht in die Bewegungsrichtung.

Natürlich wird unser Freund Pferd vorerst gegen derart anstrengende Gymnastik nachhaltigen Protest einlegen und alle erdenklichen Ausflüchte suchen. Denn er muß sich seitlich biegen, dabei gleichzeitig mit seinem linken Hinterbein unter seine Körpermasse treten und die Nase einziehen, d. h., er muß sich versammeln. Treiben wir ihn nicht zur Verzweiflung, damit er uns nicht zur Verzweiflung treibt. Wir verlangen vorerst natürlich noch weniger seitliche Abstellung, weniger Biegung im Genick, üben im Schritt, dann vermehrt im Trab und vielleicht eines fernen Tages im Galopp. Besonders im Trab erzielen wir viel gymnastizierende Wirkung.

Travers kompakt:

▬ Unser Pferd geht auf der linken Hand, d. h., der Zaun befindet sich zu unserer Rechten.

▬ Der linke Schenkel, um welchen sich das Pferd idealerweise biegt, liegt am Gurt. Der linke Schenkel kann beim Treiben helfen.

▬ Mit dem rechten Schenkel, der hinter dem Gurt wirkt, schieben wir die Kruppe des Pferdes auf den zweiten Hufschlag.

▬ Mit dem linken Zügel unterstützen wir die durch das gesamte Pferd gehende, bananenartige Biegung.

▬ Die Finger der linken Hand pressen (vorläufig) unterstützend links gegen den Widerrist.

▬ Der rechte Zügel garantiert die Beizäumhaltung.

▬ Unser Pferd geht auf zwei Hufschlägen, die Vorhand auf dem ersten Hufschlag, die Hinterhand auf dem zweiten. Abstellwinkel: 30 bis 45 Grad.

▬ Unser Pferd schaut in die Bewegungsrichtung.

Auch der Travers funktioniert in allen drei Grundgangarten, wobei er am meisten im Trab geritten wird. Wie beim Schulterherein möchte unser Pferd uns täuschen, indem es nur im Hals abknickt, um uns vorzugaukeln, wir ritten einen korrekten Seitengang. Lassen wir uns von Freund Pferd nicht hineinlegen. Wie üblich müssen wir uns auch diese

Übungen zuerst zu Hause im Hirn zurechtlegen, unserem Körper mitteilen. Erst dann, wenn wir den Vorgang internalisiert haben, setzen wir uns aufs Pferd und versuchen, die Sache ihm mitzuteilen. Wie immer am Anfang sind unsere Hilfen noch stark ausgeprägt. Im Lauf der Zeit können wir mit immer weniger sichtbaren Hilfen so hübsche Seitengangmanöver reiten, daß der Betrachter kaum bemerkt, warum das Pferd sie ausführt, und zwar im Neck Reining und mit locker herabhängenden Reiterschenkeln. Das geht - wie alles in der Reiterei - nicht von heute auf morgen.

Variationen zwischen den Seitengängen mit fließenden Übergängen können wir in Hülle und Fülle phantasievoll aushecken. Dies macht unser Reitprogramm so abwechslungsreich für Roß und Reiter, daß niemals die geringste Idee von Langeweile aufkommen kann. Unser Reiten gewinnt an Ausdruck und Schönheit.

Konterlektionen

Angenommen, wir reiten auf einer vier Meter breiten Straße am rechten Rand wie oben beschrieben Schulterherein, so heißt die Übung Schulterherein, wobei der Pferdekopf zur Straßenmitte zeigt. Reiten wir sie mit genau denselben Hilfen am linken Rand der Straße, so heißt

die Übung Konterschulterherein, wobei der Pferdekopf zum linken Straßenrand schaut.

Reiten wir auf dieser Straße am rechten Rand wie oben beschrieben im Travers, so heißt die Übung Travers. Die Kruppe zeigt zur Straßenmitte. Reiten wir mit genau denselben Travershilfen den Travers am linken Straßenrand, so heißt die Übung Renvers. Die Kruppe zeigt dabei zum linken Straßenrand.

Im Gelände hat dieser Unterschied keinerlei Bedeutung. In der Reitbahn schon, da die Konterlektionen in den Kurven schwieriger sind. Außerdem bieten sie uns weitere Variationsmöglichkeiten: Wir verfügen über vier Arten von Seitengän-

Renvers.

gen! Da sage noch einer, Bahnreiten könne fad sein.

Die Konterlektionen können uns außerdem helfen, wenn die Reitbahn überfüllt ist. Wir können unser Pferd biegen und immer auf der linken Hand bleiben, wo wir ja Vorrang haben. Man muß uns ausweichen. Konterschulterherein ist heutzutage eine wenig populäre Übung. Der Renvers hingegen erfreut sich besonders an der „Spanischen Reitschule" in Wien großer Beliebtheit, weil er im Gegensatz zum Travers das Pferd nicht dazu verführt, sich von der Mauer führen zu lassen, sondern vom Zügel. Ich persönlich bevorzuge den Renvers in der Reitbahn, weil meist der erste Hufschlag einen

Stellung des Pferdes im Schulterherein.

Stellung des Pferdes im Travers.

Stellung des Pferdes im Renvers.

Stellung des Pferdes im Konter-Schulterherein.

Graben bildet und das Pferd somit im Travers mit der Vorhand tiefer geht als mit der Hinterhand, ein Zustand, den es in jeder guten Reiterei zu vermeiden gilt. Im Renvers hingegen hat mein Pferd die Kruppe tiefer als die Vorhand, Musik in den Ohren des Westernfreizeitreiters.

Die Traversale

ist ein Travers von Reitplatzseite zu Reitplatzseite, wobei das Pferd par-allel zur Reitplatzlängsseite verscho-ben wird. Die Kruppe darf dabei nicht führen. Das Pferd schaut in die Bewegungsrichtung. Auch Straßen und Wege ermöglichen diese Übung. Zickzacktraversalen sehen sehr edel aus, besonders im Galopp mit fliegenden Wechseln. Man sieht: Wir haben noch viel vor.

Die oben kompakt beschriebenen Hilfen für Schulterherein und Travers funktionieren auf der rechten Hand, also mit dem Zaun zur Linken des Reiters, genau umgekehrt. Wenn die Sache in der hier gebotenen Kürze kompliziert klingt: Nicht abschrecken lassen! Mut fassen. Sich die Vorgänge überlegen. Eines Tages funktionieren sie bei jedem Pferd. Und sie machen Spaß. Das ist das wichtigste. Sie machen übrigens garantiert mehr Spaß und sehen schöner aus als die traditionellen Western-Flexing-Methoden.

Ein Pferd für überall

Was uns

unaufhaltsam macht.

Wir sahen bereits, daß Elemente der Western Pleasure und Reining, der Western-Dressur, uns beim Freizeitreiten erheblich nützen. Klopfen wir vorerst noch andere Disziplinen auf ihre Brauchbarkeit für unser Alltagsreiten ab.

Alltag

Halterklassen im Alltag

Die Halter-Klassen, wo Exterieur und Gänge des Pferdes beurteilt werden, führen dazu, daß die Pferdeleute sich schon früh mit den Manieren ihrer Rösser auseinandersetzen, daß sie lernen, sich und ihr Pferd richtig hinzustellen und dabei 'showmanship' zu zeigen. Mir fiel bisher noch bei keiner Halter-Klasse im Westernbereich auf, daß es unkontrolliertes Herumzappeln, Kopfhochreißen, Steigen etc. beim Vorführen gegeben hätte, wie es bei manchen anderen Rassenpräsentationen offenbar zum guten Ton gehört. Nicht zuletzt deshalb gelten unsere Westernpferde als „so brav". Das sind sie aber nicht nur von Natur aus. Unsere Schulung spielt da eine große Rolle.

Apropos Stillstehen des Pferdes mit oder ohne Reiter: Man braucht es unterwegs immer wieder. So beim Betrachen des Betrachtenswerten, beim Fotografieren, damit man nicht kostbares Bier verschüttet, wenn Kinder aufsitzen wollen, beim Karten- und Kompaßstudium, beim Gespräch mit dem Fahrer eines überlauten Lastwagens. Nichts lästiger als ein Gaul, der ständig herumzappelt, wenn sein Reiter gerade anderes zu tun hat, als ihn ständig zu disziplinieren. Ich führte einmal auf meinem stillstehenden Pferd ein halbstündiges Gespräch mit zwei Reitern, die mich ständig umkreisten, denen das aber erst nach zwanzig Minuten auffiel.

Western Riding im Alltag

In der Turnierdisziplin Western Riding finden wir alles, was ein Westernfreizeitreiter unterwegs braucht, in schönster Harmonie vereint: Trailelemente sowie sanfter Jog, kontrollierter weicher Galopp mit fliegenden Wechseln, Rückwärtsrichten, nicht zu hartes Stoppen aus dem Galopp, genaueste Abstimmung aller Hilfen. Neben Working Cowhorse DIE Disziplin...

Andere Turnierdisziplinen für unterwegs

An den Prüfungen der Western Horsemanship imponiert mir vor allem das Antraben bzw. Angaloppieren auch für nur wenige Meter, wie es beim Wanderreiten im Gelände unerläßlich ist, um unter optimaler Ausnützung der Bodenverhältnisse zügiges Vorwärtskommen zu gewährleisten. So macht man Kilometer, ohne den Pferdefüßen zu schaden.

Und für „überhaupt nicht am unwichtigsten" für uns Westernfreizeitreiter halte ich vom Turniergeschehen her das... Dollar Bill Race, welches den ruhigsten Sitz in allen Gangarten prämiert. Schwer festzustellen, was den Reiter mehr schmerzt: Der Verlust eines wertvollen Geldscheins oder ein durch zu intensive Reibung aufs äußerste beleidigter Allerwertester nach dem zweiten Zehnstundenritt-Tag.

Trail on the Trail Stangensalat

Am konzentriertesten jedoch finden wir die Notwendigkeiten des Alltagsreitens in der Disziplin Trail. Hier sind Pferde gefragt, die willig auf die Signale ihres Reiters reagieren, die geforderten Hindernisse zügig bewältigen und auch gewisse Selbständigkeit beweisen. Im 'dry work' auf dem Reitplatz muß sich unser Pferd mit von uns ausgefeilt plazierten Stangen und Cavalletti herumschlagen, ohne anzuschlagen. Es lernt darauf zu achten, niedrige Bodenhindernisse nicht zu berühren. Vor allem bei langen Geländeritten von Vorteil: Ein Pferd, das ständig an Wurzeln und Steine stößt, dürfte wohl nur zufällig ohne Lahmheiten und mit allen vier Hufeisen ans weit entfernte Ziel gelangen. Das Bewältigen phantasievoll aufgelegter Stangenhindernisse, ohne daß Stangensalat produ-

Im Sidepassing eine Stange umrunden, Kruppe zur Stange   ... und Nase zur Stange.

ziert wird, bringt uns in unserer Alltagsreiterei eine Menge Abwechslung. Schon während des Warmreitens können wir das Überschreiten von Stangen einbauen. Je nach Pferd sollten Schrittstangen etwa 50 Zentimeter auseinander liegen, Trabstangen etwa einen Meter, Galoppstangen etwa zwei Meter. Probieren geht über Studieren. Besonders beim Überreiten von Stangenfächern im Schritt oder Trab erkunden wir gut die Schrittlänge unseres Pferdes.

Wie immer achten wir auf Rößleins zarte Seele. Übertriebener Stangendrill kann dazu führen, daß unser Pferd sich den Teufel um diese Stangen schert und alles durcheinanderrührt. Bald hat es herausbekommen, daß dann der Reiter absteigen muß, um den Parcours neu zu schlichten. Eine willkommene Belohnungspause! Deshalb sind viele erfolgreiche Trailturnierreiter so weise

geworden, ihren Pferden außerhalb der Turniersaison keinerlei Stangenzeug oder ähnliches zuzumuten. Also: In der Kürze liegt die Würze. Wenn Freund Pferd erfolgreich sein Stangenhindernis bewältigt hat, reiten wir die Sache nicht nochmals, weil es gerade so schön war, sondern wir machen eine Entspannungspause, gewähren Ruhe und Leckerli.

Beim Förster vom Silberwald
Stangentraing läßt sich leicht ins Gelände auslagern. Was wir in der Reitbahn erarbeiten, können wir auf Funktionalität im Gelände erproben und umgekehrt. Warum etwa nicht nützen, was die Forstleute im Wald zeitweilig an Langholz liegen lassen? Eine liegende Fichte, entastet, macht sich bestens als Hindernis für Sidepassing, und das für etliche Meter mehr als wir auf dem Reitplatz dafür zur Verfügung

haben. Zusätzlich muß Freund Pferd auf die Unebenheiten des Bodens achten, sein Hirnschmalz wird gebraucht, Langeweile und Sauerkeit kommen nicht auf. Oft eignen sich liegende Hölzer in „unaufgeräumten" Wäldern überraschend gut zum Übertraben oder zumindest zum Überschreiten.

Ein enger Platz zwischen Büschen und Bäumen ersetzt die Turnbox auf dem Reitplatz für „Mittelhandwendungen".

Zwischen Bäumen können wir wunderbar „slalomtraben" oder rückwärtsrichten, wofür wir auf dem Reitplatz Cones oder in den Boden gesteckte Stangen brauchen.

Einzeln stehende Bäume können im Sidepassing umrundet werden, und zwar mit der Nase zum Baum oder – schwieriger – mit der Kruppe zum Baum. Bei dieser sehr schönen Übung leuchtet unserem Pferd die

Kreiserei viel besser ein, als wenn wir sie ohne solches Zentrum gestalten.

Sidepassing (ganzer Travers)

Zentimetergenaues Dirigieren unseres Pferdes mit nur minimalen Hilfen benötigen wir unterwegs immer wieder, sei es auch nur, um unser Pferd in einer quirligen Fußgängerzone „unauffällig" am Gastgartenrand einzuparken oder um gemeinsam mit unserem Partner die Landkarte zu studieren. Es sieht scheußlich aus, wenn da jemand an seinem Pferd herumziehen und -zerren muß und das Pferd dabei Verrenkungen mit noch dazu aufgerissenem Maul vollführt.

Die erforderliche Präzision dazu holen wir uns durch einfühlsame Übungen, die nicht unbedingt auf einem Trailplatz sein müssen, wenn wir keinen haben oder zu faul sind, Stangen aufzulegen, obwohl diese der genauen Arbeit sehr dienen. Für Sidepassing-Training eignet sich vorerst eine Hausmauer auch gut, weil sie uns ermöglicht, den rechten Winkel zu ihr problemlos zu kontrollieren. Mit Schenkel (Fuß, Sporn) tippen wir unser Pferd am Gurt links an, wenn es nach rechts seitlich gehen soll. Die etwaig entstehende Vorwärtsbewegung hemmen wir durch ein Zügelsignal. Nach eventuellen

Verständigungsschwierigkeiten wird unser Pferd unserem linken Schenkel weichen. Vor allem, wenn wir uns zusätzlich in die Bewegungsrichtung neigen, ohne Übertreibung allerdings. Wir bleiben im rechten Winkel zur Mauer. Wenn wir nach links wollen, setzen wir den rechten Schenkel ein. Gute Arbeit loben wir. Und – wie immer: Annehmen, nachgeben; annehmen, nachgeben...

Funktioniert das Sidepassing an der Wand gut, machen wir es mit einer Stange (oder dem oben erwähnten Baum) zwischen Vorder- und Hinterbeinen. Unser Ehrgeiz geht natürlich dahin, niemals anzustoßen. Je nach Tagesverfassung und Pferdetemperament wählen wir die richtige Dosis an Training, damit wir mit guter Leistung aufhören können. Nie entnervt nach einem furchtbaren Stangenchaos das Feld räumen, ohne danach zumindest einen Teilerfolg erzielt zu haben. Bei Sidepassing-Stangen-Konfigurationen können wir unserer Kreativität freien Lauf lassen. Vom Viereck bis zum Zickzack: alles ist möglich und bringt uns und unseren Pferden hübsche Abwechslung.

Und für alle, die es ein bißchen spanisch-mexikanisch mögen: Sidepassing, allerdings ohne Stangen, funktioniert auch im Trab oder Galopp, wobei wir unser Pferd

etwas schräg stellen sollten, damit es sich nicht auf die Füße steigt. Dieses Manöver ermöglicht elegantes Defilieren mit gezogenem Hut am Publikum, dem man auf diese Weise ins Gesicht schaut, zulächeln und winken kann.

Rückwärtsrichten zwischen Stangen

Um unsere Einparkkapazität der Vollendung zuzuführen, üben wir das Rückwärtsrichten zwischen Stangen, erst zwischen zwei Stangen mit etwas mehr Abstand, dann gehen wir auf den von der AQHA bei Turnieren zugelassenen Minimalabstand von 70 Zentimetern. Viel hängt schon von der korrekten Aufstellung vor dem Einfädeln ab. Zappelt unser Pferd und fragt „Wann geht's denn endlich los?", so bitten wir um etwas Geduld, stellen uns ruhig auf zur Konzentrationspause, warten und schlauchen dann ein.
Haben wir bisher unser Pferd ermutigt, möglichst hurtig rückwärtszurichten, so bremsen wir es nun ein. Freund Pferd soll die Idee kriegen, daß die Idee dieser Übung nicht darin liegt, in kürzester Zeit wieder am anderen Ende der Stangen herauszukommen. Deshalb legen wir zwischendurch wieder Konzentrationspausen ein. Wir können sogar nach erfolgreich zurückgelegtem halben Weg wieder nach vorne

gehen und den Schlauch verlassen. Klopft unser Pferd an die Stangen oder steigt drüber, so gehen wir nach vor und versuchen es nochmals. Sollte es doch nicht klappen, so müssen wir diplomatisch den Rückzug antreten, immer bedacht, unser Gesicht zu wahren. Bei diesen Übungen lernen sowohl wir als auch unser Pferd die Tugend der Geduld.

Wie beim Sidepassing, so können auch bei Rückwärtsrichthindernissen die Parcoursbauer voll ihr Genie zur Entfaltung bringen. Es macht Spaß, immer wieder neue Varianten und Kombinationen mit Sidepassing und Drehungen auszuhecken. Je schmäler, desto schwieriger. Die Steigerung der Geraden ist meist ein „L", dann ein „U", dann ein „Z". Ein spitzes "V" kann richtig gemein sein.

Kauboys

Erhöhten Reiz beim Seitwärts- und Rückwärtsrichten bieten Autos als Stangenersatz. Wetten, daß Sie bei diesen wahnwitzigen Spenglerpreisen nie anstoßen? Nebenbei können wir Autotüren und -klappen vom Pferderücken aus öffnen, wenn wir, zum Beispiel, gerade für Cowboys unerläßliche Kaugummis, Marlboros oder einen Regenmantel vergessen haben. Und schon sehen wir wieder: Nichts an unserem Training ist zwecklos. Unser Pferd muß sich ohne Zirkus mit fast unsichtbaren

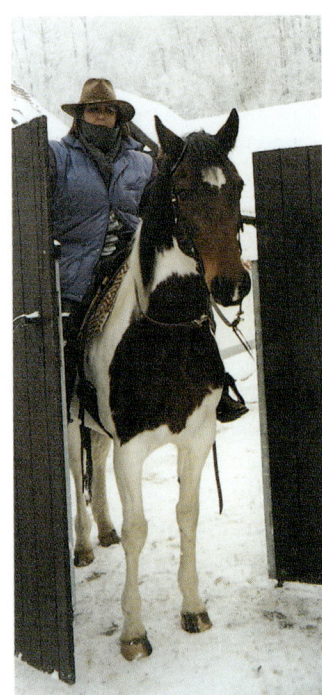

Tor auf zum Ausritt.

Hilfen zum Auto bugsieren lassen. Warum denn auch nicht? Die Schwierigkeit beim Weg- und Hinunterbeugen besteht lediglich darin, daß wir unser Pferd mit unserem Körpergewicht wegschieben. Das wird noch deutlicher, wenn wir zum Beispiel unseren Hut vom Pferd aus aufheben wollen und Freund Pferd dabei unangenehm den Sporn in die Flanke drücken. Dennoch: Eigentlich brauchen wir gar nicht nachzugrübeln, was man denn alles vom Pferderücken aus erledigen kann. Im Gegenteil, wir müssen überlegen, was nicht möglich ist.

Viel bleibt in der Tat nicht übrig. Wobei wir aber nicht so weit gehen müssen wie die alten Vaqueros, die angeblich stolz alle nicht vom Pferd aus bewältigbaren Arbeiten ablehnten.

Tür und Tor öffnen

Auf Trailplätzen entbehren die dort aufgestellten Tore für praktisch denkende Pferde und Reiter nicht einer gewissen Sinnlosigkeit. Denn sie eröffnen irgendwie den Weg von nirgendwo nach nirgendwo. Wir helfen unserem Pferd viel eher, wenn wir „wirkliche" Tore mit einer Funktion öffnen, nicht diese „Gerade-noch-Tor-Ausführungen" der Turniere. Vielleicht müssen wir, um ausreiten zu können, das Reithoftor öffnen? Absteigen wäre da unelegant. Unser Pferd wird hochmotiviert mitarbeiten. Große Eisen- und Blechtore bieten überdies eine aufregende Geräuschkulisse. Toleriert unser Roß solche Tore, werden ihm vermutlich die Parcours-Törchen keinerlei Eindruck mehr machen. Doch auch hier steckt der Teufel im Detail bzw. im Sand: Trailtore aus Eisenrohren stehen üblicherweise auf Eisenquerfüßen, deren Klang auch ein erfahrenes Pferd unter Umständen nicht unbeeindruckt läßt.

Turniermäßig soll übrigens ein Tor so durchritten werden, daß möglichst keinerlei Rindvieh entkommen kann. Die Praxis sieht auf Viehweiden in Mitteleuropa anders aus, wo die Kühe furchtbar gern zum Menschen wollen, auch wenn er sich in Gestalt eines fremdartigen Cowboys zeigt. Kaum taucht man am Tor auf, wird man von neugierigen Rindern umringt, die dankbar für die Abwechslung scheinen. Die Tore bestehen in Almgegenden oft nur aus abmontierbarem Stacheldraht, den wir – ziemlich besitzstörend – mittels Leathermanzange öffnen und danach sorgfältig wieder verschließen. Dabei müssen wir unter Aufbietung aller Akrobatik die Rösser durchführen und jegliche Rinderflucht (das Gras auf der anderen Seite des Zauns scheint himmlische Genüsse zu versprechen) kategorisch unterbinden, um nicht den Bauern rebellisch zu machen. Dabei bewähren sich zur Kuhmobilisierung Tannenzapfen, die man sich, einer Eingebung nach dem letzten Almtor folgend, in die Taschen steckte.

Streng verboten

sind laut AQHA-Rulebook einige Hindernisse, wohl um unschöne Bilder auf Turnieren zu vermeiden: Reifen, Tiere (Kühe, Tiger, Elefanten?), Häute, Folien, PVC-Rohre, Absteigen, Sprünge, schaukelnde oder bewegliche Brücken, Wasserschüsseln mit schwimmenden oder beweglichen Teilen, Flammen, Trockeneis, Feuerlöscher, Ground ties; Stangen, die rollen können. Nicht, daß wir Westernfreizeitreiter den guten Willen der American Quarter Horse Association anzweifeln wollen. Sicher ist es berechtigt von der AQHA, allzu showeffektgierige Parcoursbauer einzubremsen. Doch wir Westernfreizeitreiter können uns im Gelände nicht immer aussuchen, worüber wir zu reiten haben. Vor allem Rohren, Garten-, Bewässerungs- und Feuerwehrschläuchen sowie Kabeln werden wir nicht immer ausweichen können. Auch ein Sprung wird hin und wieder erforderlich sein. Was ich sagen will, ist:

Wenn eine Institution uns Vorschriften macht und wir diese als denkende Reiter aber nicht einhalten können, so wollen wir uns in unserer Reitpraxis nicht weiter darum kümmern.

Was für Turniere opportun ist, muß noch lange nicht im Alltagsreiten taugen. Ebenso scheren wir unseren Pferden nicht die Ohren aus, nur „weil die Richter das gern sehen". Ein Richter , der gern sieht, daß ein Pferd seinen Schutz gegen in die Ohren kriechende Insekten verliert, ist nicht beachtenswert. Solch gedankenlose Maßnahmen machen ein Pferd sommers weideunfähig und degradieren es zum Spielzeug, das verhätschelt, eingesperrt und geschützt werden muß. In eine ähnliche Kategorie fällt das Abschneiden der Tasthaare. Ließen wir uns unsere Wimpern abschneiden? Der Bridle Path, das Abscheren der Mähne im Kopf- und oberen Halsbereich, ist auch eine bedenkliche Maßnahme, die von vielen Reitern nachvollzogen wird, „weil man das eben so macht". Okay, das Kopfstück läßt sich bequemer anbringen, das Pferd verliert so aber einen guten Sonnen- und Regenschutz. Wir Westernfreizeitreiter geben unser Hirn nicht an der Garderobe des Turnierplatzes ab. Wenn uns etwas gegen die Interessen unseres Pferdes zu gehen scheint, brauchen wir nicht mitzumachen.

„Nichts läßt mehr die Unendlichkeit erahnen, als die Dummheit der Menschen", lautet ein Dichterwort. Und in der Tat kommt man aus dem Kopfschütteln nicht heraus. So traute ich meinen Augen bei der Lektüre eines offiziellen Ausbildungsskriptums für Reitwarte und Trainer nicht. Dieser Lehrbehelf-Verfasser, ein anerkannter und gesuchter Experte, empfiehlt Maulkörbe und Halsgestelle, wenn das Pferd sich (wie lästig für den Menschen!) die Decke vom juckenden Leib beißt. Auch dem Koppen wird durch Zwangsmaßnahmen begegnet. Gedankenlosigkeit? Blödheit? Schurkerei?

Brücken

Meist können die Brücken auf den Trailplätzen mit ihren Artgenossinnen im Gelände nur schwer mithalten. Häufig fehlt ihnen das gewisse Etwas, das Flair des Unkalkulierbaren, wie Länge, Höhe, unangenehme Umgebung, Gegenverkehr, Wackeligkeit, nicht vorhandene Planken, durchgefaulte Löcher, Farbflecken, Rutschigkeit durch Tau und Reif... Unser Pferd fühlt genau, wenn wir nicht wissen, ob die Brücke tatsächlich Tragfähigkeit aufweist. Wenn wir es nicht über die Brücke motivieren können, steigen unsere Chancen auf gute hundert Prozent, daß es auch in Zukunft solch eine Auseinandersetzung für sich entscheidet. Freund Pferd wird uns dann künftig auch in anderen Dingen mißtrauen, wenn er kann. (Oder würden Sie vielleicht jemandem trauen, der Sie auf eine gebrechliche Brücke geführt hat?) Dennoch gibt der Reiter nie und nimmer auf: Gerade gestern erzählte mir ein alter Freund, er habe mit seinem neuen Pferd geschlagene sechs Wochen gebraucht, bis es endlich eine zwar solide, doch aus etwas wackeligen Rundlingen bestehende Holzbrücke überschritt, die ins begehrte Ausreitgelände führt. Beharrlichkeit bringt in der Reiterei Erfolg.

Kommt ein geländeerprobtes Pferd zu einer Turniertrailbrücke, so kann die Reaktion unterschiedlich ausfallen. Ein intelligentes Pferd mag vielleicht der Situation mißtrauen: „Wozu steht denn hier eine Brücke? Die überbrückt doch nichts! Da stimmt etwas nicht." Oder aber unser Pferd findet ein solches Brückchen völlig uninteressant und latscht teilnahmslos drüber. „Ha!" schreien die Trailspezialisten auf, „Dein Pferd hat die Brücke gar nicht angeschnüffelt. Auf einem Turnier würdest du Freizeitreiter Punkteabzug kriegen."

Hardware

In einem Westernreitstall oder auf eigener Ranch können sich Heimwerker beim Fabrizieren von gewiften und stilvollen Trailhindernissen herrlich austoben. In Dressur- und Springställen sehen es die Besitzer bzw. allfällige Wichtigmacher oft nicht gern, daß wir für unsere Trailübungen Stangen auf dem Boden herumliegenlassen. Vor allem bei neuen, schön bemalten Stangen wird — verständlicherweise – gerügt. Vielleicht können wir aber alte Stangen aus einem Schuppen ausgraben und ein Fleckchen finden, wo wir unseren Dauertrailplatz installieren. Sonst kaufen wir einfach entrindete Fichtenstangen für wenig Geld und streichen sie, wenn wir mögen. Eckige Stangen können die Fesseln verletzen. Statt der bei Westernturnieren beliebten Verkehrsplastikhütchen besorgen wir uns die etwa zwei Meter langen Plastikstangen mit Metallspieß, wie sie für Elektroweidezäune Verwendung finden. Sie brauchen wenig Platz und lassen sich vom Pferd aus in den Reitplatzboden stecken. Sie dienen uns als Orientierungspunkte für Kreismanöver um Vor- und Hinterhand und als Slalomstangen und vieles mehr... Falls kein reales Tor auf dem Reithof zum Üben existiert: Ein angedeutetes Tor läßt sich sehr einfach aus einem Rohrwinkelstück und dazu passenden Plastikrohrverlängerungen billig basteln und mittels Heuschnur an einem Zaun befestigen.

Hindernisse im Gelände

Pfützen, Rinnsale

Folien wurden zwar vor einigen Jahren von der Turnierszene verbannt, doch als Wasserersatz kann eine „knusprige" Folie nicht schaden. Denn wir müssen unser Freizeitpferd daran gewöhnen, auch Flecken zu betreten, die es nicht ganz so toll findet. Meist handelt es sich um simple Pfützen, die zu allem Überfluß von jeder Seite je nach Beleuchtung anders aussehen. Sollte Freund Pferd nicht und nicht durch eine Pfütze wollen, geben wir nicht auf. Unser Generalrezept lautet ja: Freundliche Beharrlichkeit, Geduld und Stärke. Wenn wir auf einem Ausritt zu einer unbeliebten Pfütze kommen und wir befehlen als Reiter, daß man da durchzugehen habe, so muß das geschehen. Vor allem für Turnierreiter aller Disziplinen eine wichtige Sache, da Pfützen auf Turnierreitplätzen immer wieder vorkommen.

Wer aufgibt, kriegt nur Ärger. So ritt ich eines Spätnachmittags gemütlich dahin und wollte ein dreißig Zentimeter breites Rinnsal mit zehn Zentimetern Tiefe überschreiten, wie es nach einem heftigen Regenguß eben vorkommt. Verweigerung. Meine Frau war mit ihrem Pferd schon längst drüben und wartete. Ich versuchte es mehrmals, ließ schnüffeln. Ich redete meinem Pferd lieb zu, gab das Wasser zu kosten. Nichts. Nur Revolte. Ich schaute auf die Uhr. Ich hatte in zwei Stunden

einen unaufschiebbaren Termin. (Ich besitze übrigens kein Mobiltelefon, aus Prinzip nicht, und beim Reiten will ich schon gar nicht erreichbar sein oder erreichen.) Und kräftiges Vorwärtsreiten? Mein Pferd vollführte rodeoartigen Zirkus. Vermutlich spürte es auch meine Termin-Nervosität. Die Zeit verging. Dieses elende Rinnsal! Ich mußte unverrichteter Dinge umkehren, zurück zum Stall. Der Termin! Seither habe ich bei Rinnsalen Probleme. Nicht immer. Aber immer wieder.

Angeblich haben im 19. Jahrhundert gerissene Männer im damaligen Wilden Westen der USA Mustangs gefangen, indem sie einfach eine lange Rinne quer über die Prairie pflügten. Die Wildpferde wagten nicht, über diese Rille zu springen und ließen sich lieber einfangen.

Wie dem auch sei: Wenn wir mit unserem Pferd ein Problem haben, dann müssen wir es sofort lösen, ansonsten taucht das Problem eines Tages wieder auf, auch, wenn wir es mittlerweile schon lang gelöst glaubten.

Furten

Das Einreiten in größere Gewässer bereitet üblicherweise kaum Probleme. Allerdings führte der moderne Wasserbau, der die meisten Flüsse Mitteleuropas zu mehr oder minder großen Kanälen bzw. Wasserrennbahnen gestaltete, nicht nur zu schrecklichen Hochwasser-katastrophen, sondern auch dazu, daß wir Reiter mit unseren Rössern nur noch selten in einen Fluß gelangen. Denn die aus großen Steinbrocken oder schlüpfrigen Betonplatten bestehenden steilen Böschungen bergen

häufig sinnloses Risiko beim Ein- und Ausreiten. Zudem weiß man nicht, was unter trüber Flut an Glasflaschen und Eisenzeug lauert, das die Fesseln aufschneiden könnte. Beim Verlassen des Flusses kann der tiefe Schlammgrund dem Pferd überdies nicht die Möglichkeit geben, sich für einen Sprung die Böschung hinauf abzustoßen.

Haben wir das Glück, einmal richtig furten zu können, so spähen wir zunächst ans andere Ufer nach sicheren Ausstiegmöglichkeiten. Dann lassen wir unser Pferd zunächst einen Augenschein nehmen, lassen schnüffeln, tasten uns vor, vermeiden Hektik, auch wenn unser Roß plötzlich in Sand oder Schlamm einsackt. Flüsse mit offenbar zu starker Strömung meiden wir, soweit wir können, falls Schwimmen nottut. Aber auch wenn wir glauben/wissen, daß der Fluß ohne Schwimmen durchquerbar ist, dürfen wir starke Strömung, die uns mit unserem Pferd umwerfen und wegspülen könnte, nicht unterschätzen. Lieber als Feigling dastehen und lange Umwege machen, bevor man Desaster riskiert. Beim Schwimmen bewahren wir Ruhe, klemmen nicht, halten uns am Sattelhorn fest, keinesfalls aber an den Zügeln, die wir übrigens einhändig führen. Ein Teilnehmer eines Wanderreitführerkurses „schaffte es", seinem Pferd mit gewohnt fester Faust und straf-

fen Zügeln den Kopf so unter Wasser zu ziehen, daß es ertrank. Als Westernfreizeitreiter ziehen wir ohnehin nie am Zügel, aber schon gar nicht beim Schwimmen. Es ist übrigens keine schlechte Idee, vor größeren Gewässern die Sporen abzulegen und die Füße aus den Steigbügeln zu nehmen, falls wir selbst schwimmen müßten. Wenn wir den Hut zwischen den Zähnen oder in der Hand halten, brauchen wir ihm notfalls nicht nachzuschwimmen...

Übrigens: Falls unser Pferd schon einen leibhaftigen Fluß durchschwamm, heißt das noch lange nicht, daß es eine lächerliche Wassertasse bei einem Trailturnier willig durchlatscht und umgekehrt. Beides will geprobt werden.

Fällt der Reiter in den Sumpf...

Beim Wasser wie bei allen Hindernissen beweisen wir uns und unserem Pferd klares Leadership. Nicht umsonst sind und waren viele große Führungspersönlichkeiten und Politiker Reiter. Vieles, was wir beim Umgang mit unseren Pferden beachten müssen, gilt auch bei der Menschenführung. Nur lassen sich Menschen besser belügen und vergessen besser, wie wir anhand von Geschichte und Politik sehen. Pferde

verhalten sich da kritischer und vergessen Führungsschwächen aller Art nicht leicht. Die Achtung unseres Pferdes können wir weder durch Streicheleinheiten noch Brutalität gewinnen, sondern nur durch klare Kompetenz. Und diese müssen wir täglich unter Beweis stellen.

So auch bei sumpfigen Passagen. Führen wir unser Pferd in angsterregende Schlammtiefen, die es nicht durchreiten kann, weswegen wir zum Rückzug blasen müssen, so säen wir Mißtrauen in unsere Führerschaft. Unter Garantie werden wir die Rechnung früher oder später in Form von Ungehorsam und berechtigter Revolte unverblümt serviert bekommen. Etwa genau dann, wenn bei der nächsten sumpfigen Stelle Äste tief herab- und wir deswegen gerade an der Seite unseres Pferdes hängen, um nicht heruntergefegt zu werden... Der Möglichkeiten zu Kalamitäten hat das Schicksal genug im Ärmel.

Manche Pferde gebärden sich beim Durchreiten von Schlamm so hektisch, daß ihre hochzuckenden Füße den Dreck bis an die Oberseite unserer Hutkrempe schleudern. Wie in stillstehenden Aufzügen heißt es da: Ruhe bewahren! Auch wenn unser Hut neu ist, Hose und Hemd frisch gewaschen, Stiefel und Sporen blank poliert. Bei nicht übertriebener Schlammtiefe – sagen wir bis zu 30 Zentimeter – und wenn sicher nicht die Gefahr weiterer Einsinkens besteht, versuchen wir anzuhalten und unser Pferd zu beruhigen. Wir streichen über den Hals, spendieren ein Leckerli, falls dabei. Unser Pferd soll sehen, daß kein Grund zur Beunruhigung besteht. Beim Weitergehen verhindern wir jegliche Hast, halten notfalls wieder an, kalmieren die Situation. Nach der Schlammpassage loben wir unser Pferd überschwenglich, wir könnten sogar absteigen und ein wenig grasen lassen. Freund Pferd wird wieder einmal sehr zufrieden sein, sich unserer zuverlässigen Führung anvertraut zu haben.

Leider befinden sich solche schlammigen Örtlichkeiten eher im Schat-

ten von engstehenden Bäumen, Büschen und Felsen, wo wir froh sein müssen, wieder gesund aus den Troubles herauszukommen, wenn unser Pferd verrückt spielt. Wir verfügen da in der Enge über wenig Spielraum für „action" und müssen höllisch darauf achten, daß uns Kopf und Knie heil bleiben.

Übrigens: Daß man in richtiger Moorlandschaft keinerlei Experimente riskiert, versteht sich von selbst.

Steilhänge

Reiten wir abseits der Wege, da, wo wir das nicht tun sollten/dürften, können wir ganz schön auf die schiefe Bahn geraten. Bergauf kann ein Pferd etwa so steil klettern wie ein Mensch mit Westernstiefeln und

Sporen, wobei die Bodenhaftung ohne Hufeisen besser sein dürfte als mit. Auf längeren, steilen Bergaufstücken steigen wir fairerweise ab und führen.

Steilbergaufreiten kompakt:

▬ Bleiben wir im Sattel, so überprüfen wir, ob nachgegurtet werden muß. Ein nach hinten gerutschter Sattel mit Gurt könnte zu einer rodeoreifen Szene führen.

▬ Bei kurzen Steilstücken bergauf beugen wir uns möglichst weit vor, um mit dem Schwerpunkt unseres Pferdes eins zu sein.

▬ Haben wir kein funktionelles Brustgeschirr, so ergreifen wir mit der Rechten ein solides Büschel Mähne und hängen daran einen guten Teil unseres Körpergewichts, damit der Sattel nicht nach hinten rutscht.

▬ Die von der linken Hand geführten Zügel hängen lose durch. (Für Westernfreizeitreiter sind die Zügel ohnehin nie zum Anhalten da.)

▬ Wir gehen möglichst in der Fallinie, um nicht seitlich wegzurutschen.

Wir achten darauf, daß wir nicht so steil bergaufreiten, daß unser Pferd sich mit uns trotz Vorbeugens überschlagen könnte. Sicherheitshalber besser absteigen und führen. Wir unterschätzen nie die Bodenbeschaffenheit.

Wer steht schon gern bis zu den Sprunggelenken im Schlamm vor der Kamera?

Ein Cowboy schlich sich ins Schotterwerk.

Steilbergabreiten kompakt:

▬▬▬ Wir überprüfen, ob nachgegurtet werden muß.

▬▬▬ Wir beurteilen Bodenbeschaffenheit, Steilheit.

▬▬▬ Können wir mit Bäumen, Felsen etc. in Konflikt kommen?

▬▬▬ Stets in der Fallinie bleiben, um nicht seitlich wegzurutschen.

▬▬▬ Unser Körper bleibt vom Stiefel bis zum Hut in der Senkrechten.

▬▬▬ Zügel großzügig freigeben, ohne Kontrollmöglichkeit zu verlieren.

▬▬▬ Nie am Zügel ziehen!

Laub, Lehm, Schotter können enorm beschleunigend wirken. Wohldosierte Zügelzupfer bremsen ein, wenn das Pferd, von der Schwerkraft beflügelt, rennen möchte.

Als Westernreiter können wir uns die Sache als „sliding stop downhill" vorstellen: Unser Pferd blockiert die Hinterhand, rutscht dabei und geht mit den Vorderbeinen. Wer nicht in der Fallinie reitet, riskiert starke Ohrenschmerzen sowie einen Roß und Reiter den Hang voraus hinunterkollernden Hut...
Wir klemmen nicht mit den Knien, halten uns eventuell am Horn fest, beugen uns nicht vor. Unter Umständen haben wir ausnahmsweise die Stiefel nicht bis zum Absatz in den Bügeln, sondern nur bis zum

Ballen, um bei Sturz nicht „unelegant" mit dem Pferd verbunden zu bleiben.

Das erfolgreiche Reiten von Steilhängen macht Spaß (auch unserem Pferd). Am Anfang nicht zu steile Sachen riskieren, dann je nach Lust, Mut und Geschicklichkeit steigern. Es ist geradezu unglaublich, wie geländegängig Pferde sein können und wie sie ohne einen Kratzer in der Fesselbeuge steilste Hänge auch ohne Hufeisen, Skid Boots, Gamaschen usw. hinunterrutschen. Solche Abenteuer stärken überdies die Vertrauensbasis zwischen uns und unserem Roß. Lustig als Übungsgelände sind Schottergruben, in die man sich wochenends je nach Gusto einschleichen könnte oder die man nach Absprache mit dem Besitzer benützt. Die Rutscherei auf dem Schotter ohne sonstige Hindernisse minimiert das Risiko, selbst wenn wir hinfallen sollten.

Auf dem Sprung

Die meisten Westernreiter stehen dem Springen nicht besonders auf-

geschlossen gegenüber, schließlich riskiert man verstärkte Abnützung der Vorderbeingelenke beim Pferd sowie kastrationsangstauslösenden Kontakt mit dem Sattelhorn. Auch stand ich im Gelände noch nie vor der Notwendigkeit, einen gefallenen Baum zu überspringen. Denn alle gefallenen Bäume meiner bisherigen Reiterkarriere waren unüberspringbar ausgiebig mit ausladenden Ästen bestückt, welche überdies den Blick zum Aufsprungsort erheblich behinderten. Sie waren stets so nett gefallen, daß ihre Umrundung keinerlei Problem bereitete. Ein verantwortungsvoller Reiter springt nur dorthin, wohin er sieht, um sich und Freund Pferd nicht zu gefährden. Und das Überspringen von Mauern überläßt man besser besitzstörungsfreudigen Militaryexperten. Dennoch, im Sinne möglichst vollkommener Rittigkeit, sollten wir ein bißchen springen können. In der ersten Hälfte des 20. Jahrhunderts gab es bei Dressurturnieren übrigens den verpflichtenden „Gehorsamssprung".
Wesentlich öfter als über hohe Hindernisse werden wir beim

Geländereiten über Gräben springen müssen, was uns lange Umwege ersparen kann. Doch auch hier ergibt sich in der Praxis häufig das Problem, daß wir den Aufsprungsort nicht genau einschätzen können. Das Reitgelände in der Landschaft ist nicht für das Reiten vorbereitet wie etwa eine Military-Strecke. Wenn wir das Gelände nicht kennen, wissen wir nicht, ob sich im Gras oder Unkraut am Aufsprungsort Flaschen, Eisenteile, Steine, Schlamm etc. befinden. Vorsicht und Augenmaß sind im Sinne von Sicherheit für Roß und Reiter gefragt.

Westernfreizeitreiters Springtraining kompakt:

▬ Wir fangen klein an wie immer und traben über Cavalletti, die wir zwecks Gewinnung größerer Höhe auch übereinanderstapeln können.

▬ Wir reiten gerade auf das Hindernis zu und blicken zwischen den Pferdeohren über das Hindernis.

▬ Wir wollen tausendprozentig drüber - und wenn wir unser Pferd tragen müssen.

▬ Wir sitzen aus, um unser Pferd ohne Zügel dirigieren zu können.

▬ Kurz vor dem Absprung gehen wir aus dem Sattel nach vor (soweit unser Zugeständnis an die Post-Caprilli-Ära).

▬ Wir gehen mit der Hand vor, um unserem Pferd nicht ins Maul zu fallen.

▬ Nach dem Aufsprung geht es ausgesessen weiter.

Westernfreizeitreiter, die gern öfter springen möchten, können sich einen Westernsattel ohne Horn besorgen, der dann „Endurance-Saddle" heißt.

Wer schmerzhaften Kontakt mit dem Sattelhorn fürchtet, nimmt die Zügel in die linke Hand und hält sich mit der Rechten am Horn fest, die im Falle einer Ungeschicklichkeit sich weicher anfühlt als das Horn. Auch bereits kandarenreife Pferde sollten mit Trense oder besser Hackamore oder Halfter zum Springen geschult werden, um keinesfalls ein Verderben des Mauls zu riskieren.

Will unser Pferd nicht über den Sprung: Konzentrationspause einlegen, rückwärtsrichten, im Trab gerade auf das Hindernis zu. Jedes Zögern in unserem Herzen spürt das Pferd sofort. Unsere Entschlossenheit gehört beim Springen zu den unverzichtbaren Vorbedingungen. Funktioniert die Sache einhändig nicht, müssen wir zeitweilig unser Pferd zweihändig an den Sprung heranlenken. Nachdem wir Westernfreizeitreiter mit schwindelerregenden 80 bis 100 Zentimetern Höhe unser Auslangen finden, genügt vor allem für das Training der Trab völlig. Wie immer üben wir mit Ruhe und freundlicher Beharrlichkeit. Springtrainingsbrutalitäten überlassen wir anderen. Häufig haben unsere Westernpferde zierliche Füße und Beine im Vergleich zu Springpferden. Deshalb könnten wir die Sprungstange auf zwei Kisten oder Schachteln lagern, von welchen die Stange bei Berührung leichter rollt als von „professionellen" Springhindernissen. Dies minimiert das Risiko von Schlagverletzungen an Hufen und Beinen.

Einen eventuell vorhandenen Military-Parcours durchhetzen wir nicht, da wir ja kein Rennen gegen die Uhr veranstalten. Wir schauen uns in Ruhe an, was für uns bewältigbar sein könnte, lassen unser Pferd schnüffeln und probieren dann. Was wir verlangen, müssen wir aber auch kriegen! Zumindest teilweise. Die Military- Hindernisse können uns gute Abwechsung bieten und uns auf die Unwägbarkeiten des Geländes außerhalb der Reitbahn in gewisser Weise vorbereiten. Draußen in der Natur sieht alles meist ein bißchen anders aus. Die Entscheidung, ob wir etwas springen können oder nicht, wird uns nicht immer so leicht fallen, wie auf der Military-Strecke.

Fällt der Reiter in den Graben…

Gräben zu überwinden, stellt sich häufig als notwendig heraus. Sind sie breiter, als wir unserem Pferd zu springen zumuten wollen, können wir sie durchreiten, sofern zu steile Grabenwände das Hinaufreiten nicht verbieten. In solch einer Situation bewährt es sich dann, das Pferd am offenen Zügel durch den Graben zu führen. Bei sehr tiefen Gräben können wir den zweiten Zügel als Verlängerung dazubinden. So kann das Pferd zu uns mehr Abstand halten und rutscht uns nicht in den Rücken. Beim Hinaufführen stehen wir am Rand des Grabens an sicherem Ort, damit unser Pferd nicht auf uns springt, wenn es mit Energie aus dem Graben herausschnellt. Wer einen geschlossenen Zügel ohne Führseil verwendet, sollte diesen mit Karabinern am Gebiß befestigen, sodaß er rasch einseitig abgehängt werden kann und das Pferd an längerer Leine geführt wird.

Das Durchschreiten von Gräben bewährt sich hervorragend als Test für Gehorsam und Vertrauen unseres Pferdes sowie für die Wasserbeständigkeit unserer Westernstiefel. Vorsicht: Unter dem Wasser kann sich tiefer Schlamm verbergen, der besonders auf langen Ritten, wo man keine Bekleidung zum Wechseln hat, eher unkleidsam wirkt. Gräben können es in sich haben. Das Überspringen ist oft die bessere Variante.

Stadtritte

Reiten wir in einer Stadt herum, so bewegen uns damit je nach Ort unter Umständen am Rande oder außerhalb der Legalität, auch wenn zu Beginn des 20. Jahrhunderts ein Reiter in Städten nichts Außergewöhnliches bedeutete. Doch die Zeiten haben sich geändert, und die meisten Leute empfinden es als ein bißchen märchenhaft und überraschend, wenn ihnen ein Reiter entgegenkommt. Kutschen, nun ja, das geht ja noch. Aber Reiter… Nur wenige Griesgrame reagieren verärgert oder schreien gar herum. Und manche tun so, als ob sie das Pferd – auch wenn der Weg nicht gerade breit ist – übersehen würden, wie man das bei „normalen" Passanten tut. Und die Polizisten sind viel zu überrascht, als daß sie wichtig nach Vorschriften suchen würden, die uns verbannen. Das gilt jedenfalls, solange sich das Stadtreiten nicht zur Massenmode unter der Reiterschaft auswächst, wofür es derzeit jedoch keinerlei Anzeichen gibt. Auch würde es einer schwierigen Amtshandlung bedürfen, Reiter mitsamt Pferd zu arretieren, in ein Auto zu bugsieren und zur Polizeiwache zu transportieren. Auch ins Halfter gesteckte Strafzettel kamen mir bisher weder zu Augen noch Ohren.

Elegantes Promenadereiten existiert ja heute höchstens noch in weitläu-figen Parks weniger Großstädte. Hervorhebenswert wäre hier London, wo man im Hyde Park im Zentrum einer Millionenstadt sehr mondän reiten kann, wie einst die Hautevolee der Metropole. Der berühmteste Teil dieses in Reitplatzqualität ausgebauten Reitwegenetzes heißt Rotten Row, eine hübsche Allee. Man reitet hier auch nach Regengüssen ohne Schlammspritzer. Allerdings dürfte es etwas komplizierter werden, das eigene Pferd dorthin zu verfrachten, weswegen es sich empfiehlt, einen der Verleihställe in den ehemaligen „Mews", also „Stallungen", am Rande des Parks aufzusuchen.

Trainings Nagelprobe

Für uns das Leben mit Pferden genießende Westernfreizeitreiter bringt ein Stadtritt noch mehr Farbe und Abwechslung ins Leben. Und unsere Westernfreizeitpferde – so bin ich zu glauben geneigt – sind besser als viele andere für derartige Unternehmungen mit ein bißchen Husarenstückflair qualifiziert. Nur derjenige, welchem geistige Gesundheit verwehrt blieb, wird sich mit einem nicht hundertprozentig zuverlässigen Roß unter viele Leute wagen. Denn durch ein verrückt herumtanzendes Pferd kann viel zu Schaden kommen: Kinder, Erwachsene, Rollstuhlfahrer, Autos,

Fahrräder, der Ruf der (Western-) Reiter(ei) oder auch nur Rasenflächen oder Blumenbeete. Blamagen sparen wir uns. Ein hübsches Rodeo plus Durchgehen in der Fußgängerzone: Wäre das nicht der Stoff, nach welchem die Lokalpresse lechzt? Spielen wir da lieber nicht mit.

Logistik

Die Operation Stadtritt erfordert wahrscheinlich gewisse logistische Anstrengung, da wir uns nur auf endlos langweiligen Asphaltstraßen durch viel Auspuffgas den Weg ins Stadtinnere bahnen müßten, wo sich meist der Park und die hübschere Gegend befinden. Deshalb scheint es vorteilhafter, die Rösser in den Hänger zu packen und auf einem passenden Parkplatz ohne großes Aufsehen zügig auszuladen, wobei unsere Pferde selbstverständlich keinerlei Mätzchen machen dürfen.

Wir haben am Vortag alles ausgekundschaftet und wissen in etwa, wo wir reiten werden. Sonntagvormittage eignen sich für derartige Unternehmungen am besten. Es ist noch wenig los, es gibt eher Parkmöglichkeiten. Wir sollten zwei, höchstens drei Reiter sein. Wir haben uns und unsere Pferde tadellos herausgeputzt, satteln und reiten gemütlich los. Die meisten Menschen werden uns freundlich anlächeln, die Kinder begeistert sein.

Treppauf...

Es kann dem Image der Reiterei nicht schaden, wenn wir vielleicht einmal ein Kind in den Sattel lassen, solange der Andrang nicht zu lästig wird.

Bombensicher

Wir verfügen über ein bombensicheres Pferd, das sich nicht vor Rollschuhfahrern, Kinderwägen, Schirmen etc. fürchtet. Denn wir dürfen nicht damit rechnen, daß Autofahrer sich uns gegenüber rücksichtsvoll benehmen und nicht hupen oder knapp auffahren. Wir können auch nicht damit rechnen, daß uns umgebende Fußgänger

intelligent ausweichen, wenn unser Pferd verrückt spielen sollte. Die Leute werden eher wie gebannt stehenbleiben und sich am Schauspiel ergötzen. Vielleicht kriegen wir gerade dann, wenn unser Pferd irgendeinem unbekannten Schrecknis tänzelnd ausweichen möchte, tierschützerische Hinweise, daß wir, die Kreatur verachtend, mit mörderischen Kandaren und Sporen reiten. So etwas darf uns nie aus der Ruhe bringen. Die Kandare dient uns dazu, unser Pferd, wenn es dafür das Ausbildungsstadium erreichte, mit leichtester Hand zu dirigieren. Die Sporen garantieren uns, daß wir unser Pferd auch im Falle von Gefahr und Meinungsverschiedenheiten auf Zentimeter genau dorthin bringen, wo wir wollen. Das übten wir ausgiebig in der Natur und auf dem Trailplatz. Alle diese Übungen, die unser Pferd leichtesttritt machten, kommen uns nun in der Stadt zugute.

Kaltblütig

Idealerweise scheint unser Pferd unseren Gedanken zu folgen, ohne daß wir etwas tun. Und dieser Eindruck entspricht zumindest teilweise der Realität. Ein Pferd, welches dem Sporn nur unwillig weicht, hat in der Stadt nichts verloren. Doch, um keine Illusionen aufkommen zu lassen: Weder mit Sporen, und noch weniger mit einer Gerte, können wir ein in Panik geratenes Pferd „halten" oder treiben, wohin wir möchten. Ein Pferd in Angst spürt keine Schmerzen mehr, weder im Maul, noch an den Flanken, noch sonstwo. Entscheidend sind unsere Entschlossenheit sowie die Schulung des Pferdes. Wir vermeiden unbedingt jegliche Grausamkeit gegenüber unseren Pferden, schon gar in der Öffentlichkeit, wo sie uns vor lauter Aufregung (der Mensch ist zornig, das Pferd ängstlich) absolut nichts, aber schon gar nichts bringen würde, als Antipathie der Zuschauer. Nur Kaltblütigkeit nützt uns da, sie wird sich auf unser Pferd übertragen.

Beginnt unser Pferd einen „Tanz", weil es sich vor – sagen wir – einer flatternden Markise eines Geschäfts fürchtet, so bleiben wir locker sitzen, ohne ängstlich zu klemmen, nehmen Zügel und Sporen versammelnd an, setzen die Hilfe wieder ab usw., wie immer. Wir streichen unserem Pferd beruhigend über den Hals, reden ihm gut zu. Schlimmstenfalls könnten wir, wenig ehrenvoll, in einem Seitengang, der den Blick des Pferdes vom Schreknis ablenkt, weiterkommen. Wie immer haben wir keinen anstehenden Zügel. Denn damit könnte Freund Pferd sich kein Bild von der Lage machen. Stellen Sie sich vor, jemand läßt Sie nicht dorthin schauen, wo Sie wollen. Sie denken sich dann doch sicher, daß da etwas nicht stimmt und haben ein

ungutes Gefühl, die Vorstufe zur Angst. Bemühen wir uns, Verständnis für die Angst unseres Pferdes zu haben, auch wenn wir vor Zorn platzen.

Selbstverständlich vermeiden wir alles, was die Leute irgendwie ängstigen könnte. Wir lassen an gedrängten Orten Unberittenen galant den Vorrang. Wir verhalten uns sehr dezent. Ich stellte mich einmal zu Pferd für ein Fest um Eintrittskarten an; die Frau vor mir drehte sich nach einer Weile zur Seite und erschrak (mir sehr peinlich) sichtlich darüber, daß hinter ihr ein Pferd in der Reihe stand. Wir sollen uns zu Pferd so bewegen können, als wären wir zu Fuß. Ich mußte übrigens für das Pferd nicht extra Eintritt zahlen.

Zu Pferd im Restaurant

Selbstverständlich kehren wir bei eventuell vorhandenen Gastronomen auf ein uns angenehmes Getränk ein, das wir im Sattel oder neben unserem Pferd stehend genießen. Meine Frau und ich wurden einmal sogar von den Besitzern eines Restaurants dazu eingeladen, unsere Pferde auf der winzigen Rasenfläche vor dem Lokal weiden zu lassen. Dort standen sie dann, von Kindern umschwärmt, gehobbelt da und rupften ab, was der

Rasenmäher an Zentimetern Gras übriggelassen hatte, schnabulierten Toast, während wir frühstückten.

Mit überraschend disziplinierten Pferden können wir, meine ich, die Sympathien der Menschen für unseren Sport und unsere Leidenschaft gewinnen. Denn ein Pferd findet fast jeder Mensch schön. Ich glaube, daß Menschen, die Pferde nicht mögen, seelisch irgendwie krank sind. Wenn wir uns mit unseren Pferden auf beinahe hautnahen Kontakt zu den Leuten begeben, werden wir sicherlich Pluspunkte sammeln, vorausgesetzt, wir und unsere Pferde wissen, wie man sich benimmt. Für Arroganz und Nervosität, beides Zeichen von Schwäche, ist da kein Platz.

Am Ende unseres Stadtspazierganges kehren wir zum Hänger zurück und achten beim Verladen besonders darauf, keinerlei unschöne Bilder für etwaige Zuschauer zu liefern. Die Pferde werden wahrscheinlich gern einsteigen, da die vielen Reize sie erschöpften. Im allgemeinen verläuft ein Stadtritt zur Zufriedenheit von Roß und Reiter, weil die ungewohnte Situation eine Herausforderung darstellt, aber auch eine Probe aufs Exempel für unser Training mit unserem Pferd. Ein harmonischer Stadtritt beweist uns, daß wir mit unserer Gebrauchspferdeschulung richtig liegen.

Tagesritte – Wanderritte

Reittourismus ist eine Sache, Wanderreiten eine andere. Ob wir Westernfreizeitreiter in ein sanktioniertes Reitwegenetz mit touristischer Versorgung einsteigen mögen und uns mehr oder weniger fremdgeleitet dahinbewegen, bleibt jedem selbst überlassen. Für gut funktionierendes Wanderreiten brauchen wir ein Pferd, das von Kondition, Temperament und Schulung her uns ein angenehmer Weggefährte und ein sicheres Transportmittel sein kann. Wenn unser Pferd über die bisher erörterte Ausbildung verfügt, kann nichts schiefgehen. Bei unabhängigem Wanderreiten müssen wir selbst aber auch einiges draufhaben: Wir sollten einigermaßen beschlagen können, etwas von Pferdegesundheit und -fütterung verstehen.

Pfade für Pferde

Außerdem müssen wir Karten sehr gut lesen und uns mittels Kompaß bzw. GPS orientieren können. Die Karten müssen wir deshalb sehr gut (und nicht nur gut) lesen können, weil die besten unasphaltierten und ungeschotterten Wege in den Karten nur als lausig punktierte oder strichlierte Linien aufscheinen. Alle anderen Wege sind heute autofreundlich befestigt und erlauben eher nur Schrittempo. Es lohnt sich,

die geheimen Pfade für Pferde ausfindig zu machen. Das geht, solange keine Massenerscheinung daraus wird.

Vom Kartenmaterial her eignen sich für uns am besten Militärkarten 1:50.000 oder 1:25.000. Die meisten anderen Karten sind eher „Mickymausqualität", d. h., eher bunt bedrucktes Papier, das uns freilich als erste Orientierung wertvolle Hilfe leisten kann. Es erweist sich als hilfreich, wenn wir eine Gegend bereits vom Anblick der Karte her als reittauglich oder nicht einschätzen können. Für weitere Ritte werden wir wahrscheinlich unsere Pferde per Hänger in eine uns genehme Region verfrachten müssen, da wir die Umgebung des Reitstalls bereits voll ausgereizt haben. Wir erkunden im voraus, wo wir das Gespann sicher abstellen können. Sportplätze bieten sich dafür oft an, da sie über

große Parkflächen auf öffentlichem Grund verfügen und sich häufig in einer flachen Gegend in der Nähe eines Flusses befinden, der die Orientierung beim Reiten erleichtert.

Small is beautiful

Beim Reiten in Kleinstgruppen erlebt man die Landschaft quasi hinter den Kulissen. Je größer die Gruppe, desto größer der Organisationsaufwand für den Ritt. Ich persönlich ziehe es vor, allein mit meiner Frau zu reiten, ohne Troßfahrzeug, ohne Mobiltelefon, um das elitäre Gefühl auszukosten, zwischen mir und dem Rest der Menschheit ein gutes Stück Entfernung zu haben. Im Falle eines Unfalles natürlich nicht unproblematisch. Zu zweit ergeben sich auch kaum Unterbringungsprobleme für Roß und Reiter. Reitet man in wirklich menschenleerem Gebiet (in Mitteleuropa eher selten), wird man ohne Packpferd für Zelt und ande-

Durch wilde Wälder abenteuern.

ren Krimskrams nicht auskommen. Haben wir aber ein Packpferd, so sollte es seinen Job gut machen und sich ohne Probleme führen lassen. Ein Packpferd, das uns nur Kopfweh bereitet, vermeiden wir.

Praktischer jedenfalls ist es, auf Bauern- und Reithöfen unterzukommen. Vorausplanung erleichtert die Durchführung des Wanderritts, was die Unterkunft betrifft. Doch wenn man nur zu zweit ist, wird man nicht leicht abgewiesen. Es gibt immer noch einen Winkel oder eine Koppel für zwei Pferde und einen Raum zum Schlafen.

Wanderreiters Ausrüstung

Das Gepäck fällt minimal aus: Im Gilet mit vielen Taschen befinden sich aktuelle Karten, Schreibzeug, Minitaschenlampe, Taschentücher, Bussole, Feuerzeug, Fotoapparat, Lippenfettstift, Sonnenbrille. Am Gürtel hängt ein Leatherman-Messer. In den (im Reitsporthandel billig erhältlichen) leichten Kunststoffsatteltaschen tragen wir Regenmantel, Pulli, Reservewäsche, Einwegrasierer, Medikamente (die am besten gleich für Roß und Reiter wirken), Beschlagzeug, 2 Reserveeisen, 3 Liter Hafer für alle Fälle, 1 Falteimer, Lederriemen, Halsriemen mit Anbindestrick, Pferdeputzzeug, Hufkratzer. Zäumung: Trense oder Snaffle mit Shanks. Stirnriemen mit Mosquero. Kopfstück aus Latigo-Leder. Falteimer macht man aus einem faltbaren Plastikkanister, dem man den Deckel abschneidet. So können wir unser Pferd zwischendurch lebensgeisterfördernd mit Hafer füttern, wenn Erschö-

pfung eintreten sollte. Außerdem brauchen wir dort, wo wir um Wasser bitten, nicht fragen, ob der Eimer, den wir kriegen, giftfrei ist.

Vom Tagesritt ausgehend arbeiten wir uns vor bis zum langandauernden Weitwanderritt. Wir werden immer wieder hautnah an der mitteleuropäischen Zivilisation einen Erlebnisurlaub verbringen, von dem andere nur in Reiseprospekten lesen oder in überbuchten Flugzeugen träumen. Wanderritte gehören zu den schönsten Sachen auf der Welt. Die Dosis, d. h., wie lang, wie weit, wie schwierig, für unser Pferd und uns müssen wir selbst bestimmen und ausloten. Reisen zu Pferd und das Erleben der Landschaft aus der Reiterperspektive werden uns Jahr für Jahr unvergeßlich beglücken.

Bewährte Falteimer für die Rast.

Müde nach 85 Kilometern.

Ohne Überdosis

Trainingseinheiten
wie angegossen.

Wenn wir unsere geschul-
ten Pferde ansehen und mit
in Boxenhaft vernachlässig-
ten Pferden vergleichen,
aber auch mit solchen, die,
ohne ein wirklich erfüllen-
des Pferdeleben mit
Herausforderungen zu
führen, feist auf der Koppel
herumlurchen, bemerken
wir Unterschiede.

Stolz

Sensibel-wissende Pferde

Wir erkennen vielleicht Unterschiede in Selbstvertrauen und intelligentem Gesichtsausdruck. Ein wohlgeschultes Pferd wirkt in seiner gesamten Haltung sensibel-wissend, ohne geknechtet zu sein. Es ist stolz auf sein Können. Es nimmt das Training gern an, weil es nie über- oder unterfordert wurde. Und es kann, soweit wir es ihm bieten können (wir MÜSSEN), ein einigermaßen „pferdliches" Leben führen.

Autogenes Training & Gesundheit im Sattel

Wie ein Mensch seelisch Schaden nimmt, der geistig wie körperlich ausgelaugt wird, so ist es auch beim Pferd. Jedermann braucht Harmonie im Leben, egal, ob Pferd oder Mensch. Wir Westernfreizeitreiter bemitleiden uns nicht, weil wir „schon wieder" in die Kälte oder Hitze oder in den Regen hinaus „müssen", um unser Pferd zu schulen. Denn unsere Investition trägt Zinsen für uns selbst, weil wir durch die konzentrierte „Arbeit" mit Freund Pferd menschlich enorm profitieren. Unser Reiten wirkt für uns ein wenig wie autogenes Training. Wir gewinnen Ruhe und Selbstvertrauen. Wir lernen, uns bestimmt mit

unserem Körper auszudrücken, damit unser Pferd uns versteht. Eine Fähigkeit, die wir in menschlicher Gesellschaft ebenso verwenden können.

Darüber hinaus dürfen wir den gesundheitlichen Aspekt des Reitens nicht außer acht lassen. Wenn wir idealerweise täglich reiten, doch jedenfalls sooft, wie es uns unsere beruflichen und menschlichen Verpflichtungen erlauben, so befinden wir uns in Bewegung, die uns guttut und fithält. Wir verfetten nicht und bleiben elastisch. Wir vermeiden auch winters das Reiten in der Halle, soweit das geht, damit wir die Reize der frischen Luft auf unseren Körper einwirken lassen. Wir werden weniger Erkältungskrankheiten haben. Wann immer wir oder unser Pferd vom Reiten Schmerzen bekommen, müssen wir darüber nachdenken und zu einer Lösung gelangen. Gutes Reiten passiert immer ohne Krampf, ohne Schmerzen, höchstens mit Muskelkater bei Pferd und/oder Reiter.

Egal, ob wir unsere Pferde selbst halten oder auf einem Reithof gegen Bezahlung: Für das Reiten ziehen wir uns – auch und gerade als Westernfreizeitreiter – gut an. Unsere schönen Sporen und die geschmackvolle Bolo Tie, der edle Sattel etc. sind – komisch irgendwie – in gewisser Weise Hilfen, um uns

mental auf eine oder mehrere schöne Stunden einzustimmen. Wir tendieren dazu, unsere Reitstunde zu zelebrieren; nicht so abwegig, wenn man bedenkt, was wir an Kosten und Mühen investieren.

Mentale Vorbereitung

Haben wir Ärger gehabt, nehmen wir uns nichts Neues an Übungen vor, sondern praktizieren gut Gekonntes oder gehen, wenn Zeit und Wetter es erlauben, besser auf einen Ausritt, der uns wieder auf bessere Gedanken bringt. Wenig auf der Welt hellt Stimmung besser auf als ein Ausritt. Sehen wir bereits auf dem Parkplatz, daß ein Mensch da ist, der uns in der Reitbahn auf die Nerven gehen dürfte, können wir uns vorsichtig mit dem Gedanken anfreunden, daß wir irgendeine schwierige Sache, die schon letztens nicht so toll lief, heute vielleicht wieder nicht erledigen. Andererseits kann es durchaus so sein, daß wir trotz (oder wegen) der Anwesenheit unangenehmer Leute unser Programm mit Elan durchziehen.

Schwätzer, die uns während des Reitens nicht ohne Liebenswürdigkeit in Gespräche verwickeln wollen, können die Effizienz unseres Trainings stark beeinträchtigen, da wir uns wegen der Rederei nicht ordentlich auf unser Pferd konzentrieren, das sich nun seinerseits nicht auf seine Arbeit konzentriert.

Es ist ein Jammer, daß gutes Reiten von so vielen Faktoren abhängt. Doch vielleicht macht auch gerade das die Faszination des Reitens aus.

Jedenfalls bleiben wir, was die Durchführung unseres Trainings betrifft, flexibel. Natürlich können wir uns schon im Auto auf dem Weg alles überlegen. Aber wenn die Verhältnisse es anders gebieten, richten wir uns notgedrungen nach ihnen. Wir sollen, falls kein anderer Platz dafür zur Verfügung steht, z. B. Rundowns mit Rollbacks nicht gerade dann üben, wenn Anfänger sich gleichzeitig mit uns mühen müssen, überhaupt im Sattel zu bleiben.

Haben wir - bedauernswerterweise - in einem Stall eingestellt, wo es keine Halle gibt, hängen wir völlig vom Wetter und der Bodenbeschaffenheit ab. Wenn die Welt in Dauerregen und Schlamm zu versinken scheint, kramen wir Regenmantel plus Hut hervor und üben Trailsachen, Wendungen oder Rückwärtsrichten oder Seitengänge im Schritt oder was immer den Boden nicht zu sehr aufwühlt und den Dreck nicht bis zur Hutkrempe spritzen läßt. Schlechtes Wetter jedenfalls braucht uns nicht unbedingt als Ausrede zu dienen, wir könnten ohnehin nicht reiten.

Freudiges Wiedersehen

Wenn wir unsere Pferde selbst halten, werden sie ohnehin eine hohe Meinung von uns haben, da es auch dem doofsten Gaul früher oder später einleuchtet, wer da für Nachschub und damit Wohlbefinden verantwortlich zeichnet. Stehen unsere Pferde in einem Mietstall, so sollten wir es uns zur Gewohnheit machen, stets ein Begrüßungsleckerli, trockenes Brot etc. parat zu haben, damit unser Kommen mit Angenehmem assoziiert wird. Wobei das klarerweise nicht der einzige Grund sein sollte. Das Auftauchen von Chef-Freund müßte normalerweise für unseren Freund Pferd eine angenehme Abwechslung darstellen, die mit freudigem Grummeln, wenn nicht Wiehern, begrüßt wird.

Putzend untersuchen

Selbst wenn das Putzen des Pferdes als Service des Reitstalls im Preis inkludiert ist, scheint es besser, diesen Dienst ausdrücklich nicht in Anspruch zu nehmen. Denn wir insistieren selbstverständlich darauf, daß unser Pferd möglichst viel Koppelgang kriegt. Es könnte aber sein, daß der Pfleger, menschlicher Schwäche folgend wie wir alle, bei zu großem Dreck das Pferd lieber im Stall läßt, um es nicht tagtäglich von seiner dicken Schlammkruste befreien zu müssen, die es sich genüßlich

anlegte. Für uns lohnt sich da die Anschaffung eines Staubsaugers mit geeigneten Bürsten.

Während wir uns durch die Schmutzpanierung hindurch zum Pferd an sich vorarbeiten, lernen wir schon viel über die Tagesverfassung unseres Freundes sowie über etwaige Verletzungen, die wir sofort verarzten.

Hauptphasen täglichen Reitens kompakt:

1. Aufwärmphase:
Mindestens 10 Minuten Schritt am losen Zügel.
Mindestens 5 Minuten Jog am losen Zügel.

2. Biegephase:
Je eine Runde Schulterherein, Travers, Renvers etc. auf jeder Hand in Trab und Schritt bzw. Western-Flexingübungen.

3. Galopp-Phase:
Alle Arten schneller Arbeit, Stopps, Rollbacks, Übergänge zwischen Gangarten.

Maßgeschneidertes Training

Als denkende und unabhängige Westernfreizeitreiter lernen wir immer besser einzuschätzen, wie das (tägliche?) Training für unser spezielles Pferd am besten funktioniert. Wir brauchen uns an keine aufgeplusterten Autoritäten zu halten. Die oben angeführten

Hauptphasen des Alltagsreiten wenden wir stets flexibel sowie mit Augenmaß an. Nur eines muß und muß unumstößlich sein: Das Aufwärmen.

Es ist ein zuverlässiger Weg, ein Pferd dauerhaft zu ruinieren, wenn man die 10 plus 5 Minuten Aufwärmen unterläßt.

Wir schauen zu Beginn unseres Reitens auf die Uhr. Denn 10 Minuten Schritt vergehen oft langsam. Wir bewundern keineswegs Leute, die innerhalb von kürzester Zeit nach Sattelerklimmung antraben und angaloppieren. Einige professionelle Trainer und ihre Helfer neigen dazu, die Aufwärmphase stark abzukürzen, auch, wenn sie über eine Gehmaschine verfügen. Klar, schließlich gibt es noch viele andere Pferde zu reiten. Für uns Westernfreizeitreiter gilt das nicht. Jeder Sportler muß sich vor der Belastung aufwärmen, um die Muskeln flexibel zu machen, will er nicht Zerrungen, Risse des Gewebes, Dauerschäden und Folgen riskieren. Und besonders im Westernreiten mit seinen oft rasanten und abrupten Manövern gilt dies umso mehr. Es ist dem Pferd gegenüber gemein, nicht oder nicht immer aufzuwärmen. Die Schäden kommen. Früher oder später. Auch wenn Sie vorhaben, das Pferd nach einiger Zeit zu verkaufen. Das Pferd wird mit Problemen des Muskel-, Sehnen- und Gelenk-apparats zu kämpfen haben, seinen künftigen Besitzern keine Freude machen und weiterverkauft werden. Der Zyklus des Elends beginnt beim unterlassenen Aufwärmen. Wer die Zeit zum Aufwärmen nicht aufbringt, sollte sich jemanden dafür anheuern oder das Reiten aufgeben.

Planung im Sattel

Die Zeit während der Schrittaufwärmphase nützen wir für die Planung unserer heutigen Reiterei, für Meditation, aber möglichst nicht für außerreiterliche Probleme und Ärgernisse. Die Reiterei ist unser Zaubergarten, in dem wir uns durch Konzentration, Bewegung und Harmonie entspannen. Oft sehen wir Leute, die, sobald sie in den Sattel gestiegen sind, an ihrem Pferd wichtigtuerisch herumzukorrigieren und zu maßregeln beginnen. Ein Pferd ist nicht jemand, an dem man seine Herumkommandierlust stillt.

Lassen wir uns Zeit. Selbstverständlich erlauben wir unserem Pferd, nachdem wir aufgestiegen sind, keinerlei Unordentlichkeiten. Wenn wir aufsitzen, ordnen wir die Zügel, versammeln unser Pferd kurz (Beizäumen und Tick-tick mit Schenkeln oder Sporen). Dann lassen wir nach. Wir reiten los, wann wir wollen, nicht, wenn Freund Pferd es für angemessen hält. Neigt unser Freund zu sofortigem Start, bleiben wir stets eine Minute oder so still sitzen, dann reiten wir an.

Steht Bahnarbeit auf dem Programm, spazieren wir die 10 Minuten auf dem Reithof oder ein wenig außerhalb herum, sodaß wir Freund Pferd Abwechslung bieten und nicht zu lange Zeit in der Reitbahn verbringen. Wenn wir um eventuell vorhandene Bäume reiten, können wir schon einige Biegearbeit machen, doch in den ersten fünf Minuten nicht zuviel.

Nach den 10 Minuten Schritt joggen wir gemütlich am langen Zügel los, ausgesessen, meiner Meinung nach. Auch dies muß noch nicht in der Reitbahn erfolgen, da wir ja noch keine Präzision verlangen. An sich könnten wir danach angaloppieren und zur schnellen Arbeit übergehen.

Günstiger scheint es jedoch, unser Pferd nun in Seitengängen zu traben. Auf diese Weise erhöhen wir seine Versammlung und Flexibilität.

Flexing

Die meisten Westernreiter bevorzugen (noch) die Flexingübungen auf kleinem und kleinstem Zirkel im Schritt, wobei dem Pferd die Nase hereingezupft wird. Soweit ich sehe, machen die Pferd dabei nicht immer einen glücklichen Eindruck, und

Um die Stange wickeln...

Unser Pferd: selbständig mitarbeitender Partner.

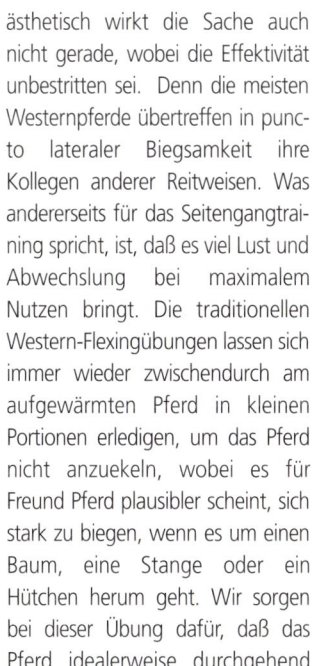

ästhetisch wirkt die Sache auch nicht gerade, wobei die Effektivität unbestritten sei. Denn die meisten Westernpferde übertreffen in puncto lateraler Biegsamkeit ihre Kollegen anderer Reitweisen. Was andererseits für das Seitengangtraining spricht, ist, daß es viel Lust und Abwechslung bei maximalem Nutzen bringt. Die traditionellen Western-Flexingübungen lassen sich immer wieder zwischendurch am aufgewärmten Pferd in kleinen Portionen erledigen, um das Pferd nicht anzuekeln, wobei es für Freund Pferd plausibler scheint, sich stark zu biegen, wenn es um einen Baum, eine Stange oder ein Hütchen herum geht. Wir sorgen bei dieser Übung dafür, daß das Pferd idealerweise durchgehend

gebogen ist, also nicht nur im Hals abknickt. Wir biegen also per Zügel den Hals, legen am Gurt den Innenschenkel an, um den wir das Pferd biegen. Der Außenschenkel liegt verwahrend hinter dem Gurt, um das Ausfallen der Kruppe zu behindern.

Biegen im Stand

Flexing im Stand können wir ebenfalls zwischendurch einflechten, nach anstrengender Galopp-„arbeit" etwa, wenn das Pferd nach einigen Minuten wieder zu Atem kommt. Dabei zupfen wir mit dem Trensenzügel unserem Pferd die Nase zum Stiefel oder – wesentlich besser – zum Knie, ohne daß es vom Fleck geht. Dies läßt sich später auch

in der Bewegung bewerkstelligen. Auf einer Seite geht das leichter, auf der anderen schwerer. Die Nicht-Schokoladenseite öfter bearbeiten. Kandaren auf Trense schnallen, wenn das geht, da man sonst dem Pferd angewöhnt, mit schiefem Kopf zu flexen. Bei Kandaren ohne Einschnallmöglichkeit auf Mundstückhöhe holen wir dort den Kopf mit der Hand herbei. Eine Kandare ist nicht etwas zum Herumziehen. Das Herbeiholen des Kopfes auf gerade vorwärtsgehendem Pferd funktioniert am allerbesten, wenn sich beim Ausritt Bremsen oder andere Blutsauger am Kopf festgebissen haben. Freund Pferd dreht dankbar den Kopf zum Reiter zurück, damit ihm dieser die Insekten entfernt.

Weiters soll unser Pferd sich mit dem Zügel die Nase bis zum Boden hinunterzupfen lassen. Wir können dabei nachhelfen, indem wir hinter den Ohren im Genick mit Daumen und Zeigefinger kneifen.

Danach nehmen wir durch Anheben der Hände die Nase ganz hoch und holen sie (je nach Pferdetypus) mit maximaler Aufrichtung des Genicks herein, sodaß unser Pferd stolz dreinschaut wie ein Hoflipizzaner.

Schnelle Arbeit

Unser gut aufgewärmtes und geflextes Pferd ist nun bereit für schwere, schnelle Arbeit. Wir haben auf Temperament und Kraft unseres Pferdes geachtet und das Aufwärmen und Biegen nicht so lange ausgedehnt, daß keine geistige und physische Energie für den anstrengendsten Teil unserer Sitzung bleibt. Ich glaube, daß keine Reitstunde länger als eine Stunde dauern sollte. Manche Pferde tolerieren auch nur 30 Minuten. Wir achten diesbezüglich kritsch auf die Pferdeindividualität und finden heraus, wann was am besten geht. Manches Roß ist bereits todmüde, wenn das andere erst aufwacht. Und ein anderes kann sich nach einer halben Stunde nicht mehr ordentlich konzentrieren. Junge Pferde lieber zu kurz als zu lang reiten, damit wir ihnen nicht die Freude an der Bahnarbeit rauben.

Pferde, die wir nicht lange in der Bahn arbeiten können, mit Überlegung nicht zu lang aufwärmen und flexen. Überhaupt können wir, sobald auch nur ein bißchen Bahnsauerkeit droht, unser Training ins Gelände verlegen.

Bei schneller Arbeit bzw. beim Galoppieren treiben wir unser Pferd nie außer Atem oder zur Verzweiflung. Wir legen, sobald wir bemerken, daß Freund Pferd stark pumpt, Atempausen ein. Wir verzärteln nicht, aber wir richten weder Lunge noch Einsatzfreude zugrunde. Ein Pferd, dem die Luft ausgeht, wird sich eine Zeit lang aufopfern, dann aber Wege suchen, der Anstrengung zu entgehen. Beim Westernfreizeitreiten aber brauchen wir einen aktiv und selbständig mitarbeitenden Partner.

Einen feurigen Rollback oder eine Vaquero-Galoppirouette kann man nicht aus einem Pferd herausprügeln oder spornieren. Die schärfste Kandare kann kein Pferd ausdrucksvoll herumwerfen. Wir sind auf die Mitarbeit unseres Pferdes angewiesen, also müssen wir ihm seine Aufgabe lustvoll und attraktiv gestalten. Das bedeutet aber nicht, daß wir unser Pferd schonen und unterfordern sollen. Wie aus einem unterforderten Menschen so wird auch aus einem unterforderten Pferd nichts. Wer unterfordert wird, ist unglücklich. Wer lange überfor-

dert wird, kann brechen. Wieder einmal stellt sich heraus, daß wir nicht nur mit der Muskulatur, sondern auch mit dem Hirn reiten müssen, eigentlich mit unserer ganzen Persönlichkeit, mit allem, was wir sind.

Sich an die Kandare nehmen

Rollbacks, Galoppstops, Galopppirouetten, Spins gehören zu den anstrengendsten Manövern in der Reiterei und erfordern von Freund Pferd sehr viel Kraft. Daher reiten wir sie, wenn sie einmal einigermaßen klappen, nicht zu oft pro Woche. Wann immer eine dieser Übungen schlechter funktioniert als zuvor, haben wir wahrscheinlich zu oft geübt. Natürlich, wir fühlen Stolz, solch schwierige Sachen reiten zu können.

Doch wie alle Augenblicke hohen Lustgefühls im Leben stets eher kurz sind, so macht eben einen der Hauptreize der Reiterei aus, daß Glücksmomente zu den raren Erscheinungen gehören. Höhepunkte sind eben solche. Zu ihnen muß man aufsteigen. Von ihnen steigt man ab.

Wer sein Pferd selbst schult, weiß, was gemeint ist. Den guten Reitstunden folgen schlechte. Was einmal errungen wurde, muß aktiv bewahrt werden. Wer ständig Sliding Stops und ähnlich anstrengendes Zeug reiten möchte, braucht einige Pferde und viel Nachschub.

Übrigens: Vor Reitern, die ihr Pferd von einem Profi ständig bearbeiten lassen und die sich dann zum Turnier draufsetzen und gewinnen, brauchen wir wenig Achtung zu haben. Mehr Respekt erfordern Leute, die ihr Pferd bereiten lassen und dann selbst erfolgreich weitertrainieren oder zumindest den Standard selbst beibehalten. Und am meisten gebührt unsere Hochachtung denjenigen, die ihr Pferd vom Anfang an bis zu hohem Niveau schulen und bis ins hohe Pferdealter arbeitsfähig erhalten.

Was viel geritten werden kann, sind die Übergänge zwischen den Gangarten, Antraben sowie Angaloppieren aus dem Stand. Die Rundheit der Zirkel gehört zu den Standardthemen des täglichen Trainings. Ebenso das Verkleinern der Kreise bis hin zur Pirouette. Pirouetten wiederum sollten wir je nach Pferd dosiert reiten.

Erholung zwischendurch

Zwischen schnellen Phasen unserer Reitstunde können wir zur Erholung Trailhindernisse einschalten, die zwar Konzentration, aber nicht viel Luft brauchen. Freund Pferd wird sie

bald dankbar als willkommene Atempause schätzen lernen.

Ansonsten lassen wir unser Pferd im Stand Atem schöpfen, spendieren begründet ein Leckerli, sitzen da, bis die Atmung sich wieder beruhigt hat, lassen unser Pferd in Ruhe, bis wieder Spannkraft aufkommt. Währenddessen überlegen wir, wie unsere Reitstunde weitergeht. Viele Reiter bevorzugen zum Zweck der Zwischenerholung Schrittpausen. Wie erholen wir Menschen uns besser? Wenn wir stehen oder wenn wir gehen?

Wir reiten nie unüberlegt.

Alles, was wir reiten, dient dem Zweck, uns zu besseren Reitern und unser Pferd zu einem besseren Reitpferd zu machen. Das gilt auch, wenn wir in der Reitbahn zum Vergnügen ohne Trainingsabsicht reiten. Denn immer nur „Vorwärts, lernen, noch mehr!" führt zu Rückschritten. Als denkende und unabhängige Reiter suchen wir die Balance zwischen Spannung und Entspannung. Die Entspannung finden wir besonders im Gelände, aber auch in der Reitbahn.

Nach harter Arbeit

Am Ende unserer Reitstunde dürfte Freund Pferd ordentlich schwitzen, sollte müde, aber nicht ausgepowert aussehen – wie ein Mensch

nach angenehmem Sport. Ein Pferd, das nicht schwitzt, dürfte unterfordert worden sein. Zeigt sich zwischen den Hinterbacken weißer Schweiß, so heißt das, daß wir entweder unser Pferd korrekt „auf der Hinterhand gearbeitet haben" oder daß die Hinterhand schwach und untertrainiert ist. Pferde mit starker Hinterhand, die dort sonst nicht schwitzen, schwitzen zwischen den Hinterbacken nach langer Arbeitspause. Die Satteldecke sollte ordentlich feucht sein. Pferde können auf der Brust vor Anstrengung, Schmerzen oder Aufregung schwitzen. Hochblütige Pferde neigen zum Schwitzen auf der Brust. Bei höheren Temperaturen wird das gesamte Pferd schweißnaß sein.

Nach getaner „Arbeit" können wir unser Pferd rückwärts aus der Bahn richten und, so Zeit und Lust vorhanden, einen entspannenden Ausritt starten. Wie beliebt solche Ausritte sind, bekam ich eines Tages während eines angenehmen Trainings von meinem Pferdefreund Chico zu hören. Er stand zur Galoppverschnaufpause ruhig da. Plötzlich, offenbar, um mir zu sagen „Das reicht für heute", marschierte er entschlossen los zum Tor des Reitplatzes an der Straße, stellte sich parallel dazu auf. Was anderes blieb mir, als das Tor zu öffnen und mit meinem liebenswürdigen Freund einen schönen Spaziergang durch die Au zu unternehmen? Diese Rösser können einfach himmlisch charmant sein. Wie Menschen bescheren sie uns unvergeßliche Momente.

Trockengehen – Trockenstehen – Eindeckpolitik

Wenn wir nach der Bahnarbeit ausreiten, müssen wir darauf achten, daß unser verschwitztes Pferd sich nicht bei langem Schrittgehen verkühlt, auch unter einer Decke. Das bedeutet, daß wir für ausreichend Bewegung sorgen müssen, die Wärme an die Hautoberfläche nachliefert. Schritt wird auch mit Decke nicht immer genügen.

Irgendwelche Pferde"experten" müssen irgendwann die Mär vom „Trockengehen" erfunden haben. Diese Experten haben sich aber garantiert nicht an ihre eigene Weisheit gehalten, falls sie selbst Sport ausübten. Oder hat man schon einmal einen Menschen gesehen, der nach dem Laufen mit naßgeschwitztem T-Shirt so lange geht, bis er trocken ist? Sicher nicht. Unsere Pferdeexperten wären allesamt an Lungenentzündung verstorben und hätten ihre wohlfeilen Ratschläge nicht an uns weitergeben können.

Mein Tierarzt gab mir besseren Rat. Ein Pferd mit naßgeschwitztem Fell

trocknet in den Breiten, wo die deutsche Sprache daheim ist, nur schwer. Selten können wir es in der Sonne stehenlassen, ohne Erkältungen zu riskieren. Sogar sommers empfiehlt sich zum Abschwitzen oft eine Baumwollnetzdecke, wie sie eigentlich gegen Insekten verwendet wird. Diese Decke hilft, daß unser Pferd schneller trocknet.

Im Winter gehen wir nach der Arbeit nicht Schritt, sondern decken unser heißes Pferd sofort mit einer guten Abschwitzdecke ein, welche auch den Hals umhüllt. Im tiefen Winter legen wir unter diese Decke noch ein bis zwei sehr gut saugfähige Wolldecken oder Stroh, welches Luftraum schafft. Wir stellen unser Pferd sofort, nachdem wir die Hufe versorgten, in einen zugfreien Stall, der geschlossen bleibt, bis Fell und Haut trocken sind.

Winters können wir zusätzlich mit heißem oder gar kochendem Wasser übergossenes Futter geben, sodaß dem Pferd noch heißer wird, damit das Fell gut trocknet. Pferde, die scheinbar trocken geworden sind, können noch nachschwitzen. Nachdem Freund Pferd WIRKLICH trocken ist – und das kann auch Stunden dauern – , wird er abgedeckt und kann auch auf die Koppel, egal bei welcher Kälte.

Was hier gesagt wird, gilt selbstverständlich auch für Offenstallpferde, die so geritten werden, daß sie

schwitzen. „Ja", meinen dann viele altklug, „in der kühleren Jahreszeit reitet man ohnehin nur so viel, daß das Pferd nicht schwitzt." Ich beglückwünsche alle LeserInnen, die in einem Klima mit Kürzestwinter leben. Doch die Mehrzahl von uns muß sich mit Kälte, Schnee und Regen über den Großteil des Jahres herumschlagen. Wir könnten dann eigentlich nur noch eine recht kurze Zeit im Jahr intensiv reiten. Kosten und Arbeit haben wir aber über das ganze Jahr. Und sowohl wir als auch Freund Pferd brauchen Bewegung und Training, damit wir nicht versulzen.

Mit der oben beschriebenen Eindeck-Politik braucht ein Pferd nicht geschoren zu werden. Auch Solarien und andere technische Maßnahmen erübrigen sich. Meiner Erfahrung nach trocknen Pferde mit richtigem Winterfell in Solarien zu langsam und nur oben herum. Wenn wir unsere Pferde nicht scheren, können sie auch im Winter bei großer Kälte ohne Decke im Freien leben, wobei sie aber mehr (Rauh-)Futter brauchen, da sie mehr „heizen" müssen, auch wenn sie weniger arbeiten.

Das Schwitzen ist absolut des Teufels. Denn ein Pferd, das sich verkühlt, entwickelt auch leicht eine Empfänglichkeit für Staub- und Pilzallergien, welche schwere Lungenprobleme bis zu unheilbarer

Dämpfigkeit verursachen. Es gehört zur Verantwortung des denkenden Reiters, seinem Pferd das Risiko irreversibler Lungenkrankheit zu ersparen, indem er sein Pferd nach dem Reiten gut versorgt, auch wenn es noch so kalt ist. „Wildwestmethoden" à la „nasses Pferd auf die Koppel und okay" dürfen wir nur bei wirklich warmem Wetter wagen, wo Sonne und Wind das Fell trocknen.

Bei solchem Wetter können wir auch — psychologisch wirkungsvoll – unser Pferd nach der Lektion eine Weile gesattelt und gezäumt angebunden stehen lassen, damit es über das Gelernte nachdenkt. Jean Claude Dysli empfiehlt dieses Verfahren.

Ausklang

Nach unserer Reitstunde macht es Freude, mit einem der Jahreszeit angemessenen Getränk neben unserem genüßlich mampfenden Pferd zu stehen, es zu tätscheln, mit seiner Seele mitzuschwingen und über unsere Reiterei nachzudenken.

Was können wir verbessern? Welche neuen Probleme tauchten auf? Wo könnten wir nachlesen, wie sie zu lösen sind? Wir können einerseits mit dem Erreichten zufrieden sein, unzufrieden andererseits, daß wir nicht noch weiter in die Nähe unseres Ziels gelangten. Doch, wie gesagt: Die Perfektion ist immer zumindest einen Schritt von uns entfernt. Und selbst wenn wir sie erreichen könnten, würde es weiterer ständigen Trainings bedürfen, um den Standard der Vollendung zu halten.

Unsere Ausrüstung

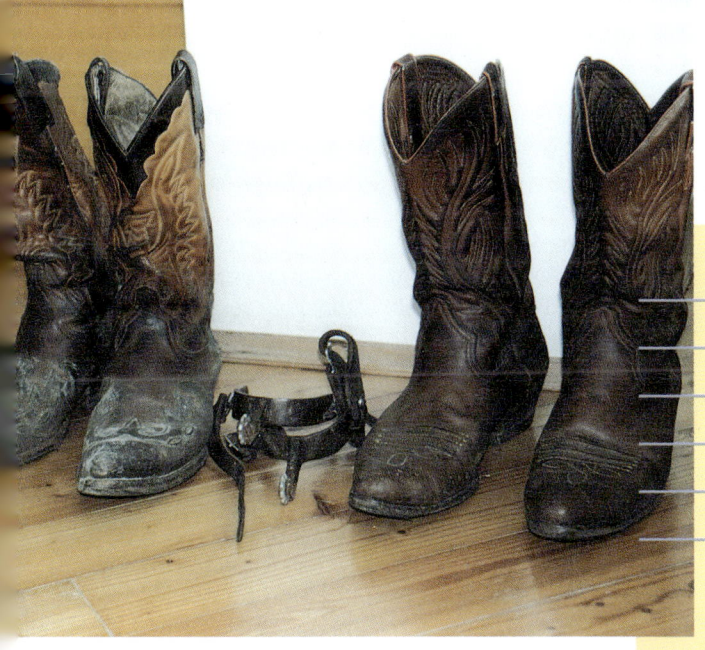

Komfortabel

wie ein Cadillac.

Über die Ausrüstung für

Westernpferde sei hier nur

Grundlegendes gesagt: Wir

brauchen sie praktisch und

schön, und zwar im Alltag.

Sattel: Auf einem Kunstwerk sitzen

Der Turnierreiter sattelt und zäumt sein Pferd für einige Minuten Show. Wir Westernfreizeitreiter befinden uns in einer Situation ähnlich der von Vaqueros und Buckaroos, die stolz darauf waren, ihr Pferd bei der Alltagsarbeit aufs beste zu schmükken. Denn unsere Show findet jeden Tag statt. Wir wählen uns einen Sattel aus, der unserem Auge, unserer Sitzfläche und unserem Pferd zusagt, und das auch für Zehnstundenritte bei jedem Wetter. Klar, daß viele Showsatteltypen hier nicht mithalten können.

Deshalb suchen wir uns unseren Sattel eher unter den Arbeitssätteln bzw. Oldtimersätteln, die für Vielreiter gedacht sind und auch nicht für Spezialdisziplinen. Die meisten dieser „kalifornischen" Sättel setzen den Reiter in eine klassisch-aufrechte Position, die jedem Reitzweck gerecht wird. In diesem Sinne geht die Sitzfläche nach vorne hin auch möglichst wenig „bergauf". Das hohe Cantle ist nicht zum Anlehnen gedacht, sondern als Abrutschbremse bei sich bäumendem Pferd. Der Sitz selbst könnte für uns allwettertaugliche Reiter aus Glattleder bestehen, damit wir das Wasser schnell abwischen können, bevor wir uns in den Sattel setzen. Die im Turniergeschehen beliebten Rauhledersitze wirken schwammartig und geben nach dem

Einsitzen hervorragend ihre Nässe an die Reiterjeans weiter. Daß sie einen ruhigeren Sitz gewährleisten sollen, hört man immer wieder. Ihre Aufpolsterung bildet oft eine Kante, die sich bei langen Ritten „einprägsam" bemerkbar macht. Deswegen zieht der „echte" Cowboy einen hard seat vor. Wer ruhig-dynamisch sitzt, braucht keine Polsterung.

Wenn wir uns Steigbügel aussuchen, können wir breite, schwere Modelle bevorzugen, von denen wir nicht Fußschmerzen vom langen Reiten kriegen. Die meisten Cutting-Steigbügel etwa kommen für uns nicht in Frage. In Winter bringen Tapaderos ein bißchen mehr Wärme. Stilvolle Tapaderos sind schwer aufzutreiben.

Die meisten Arbeitssättel haben eine hohe Fork und damit massenhaft Widerristfreiheit und passen beinahe allen Pferden. Wenn wir zwei Navajo-Pads mit Widerristausschnitt auflegen, müßte Freund Pferd sich wohlfühlen. Ein Semi-Quarter-Baum liegt vielen Pferden. Wenn nicht, brauchen wir rasch einen anderen Sattel, schmerze die Brieftasche, wie sie wolle. Denn ein Pferd mit Schmerzen kann uns nicht gehorchen, auch wenn es möchte.

Wenn Sie keinen Arbeits- oder Oldtimersattel haben und Ihnen bzw. Ihrem Pferd Ihr altes Stück schon ans Herz gewachsen ist, besteht kein Grund, die Sattelkataloge zu durch-

forsten. Toll wäre es allerdings schon, wenn unser Sattel über ordentlich lange Lederriemen zum Anbinden von Mänteln und Taschen etc. verfügt und nicht nur über versilberte Riemenstummel wie die Showsättel. Der Silberbeschlag mancher Showsättel sieht sehr „amerikanisch" aus, wenn wir nicht das Wort „geschmacklos" gebrauchen wollen. Der individuelle Silberbeschlag sowie die Lederverzierungen sagen stets etwas über den Besitzer des Sattels aus. Bei den kalifornischen Ausrüstungsgegenständen erkennen wir immer wieder die von mexikanisch-indianischen Handwerkern modifizierte Barockornamentik. Ein Qualitätswesternsattel kann auch bei täglichem Gebrauch Jahrzehnte lang halten und noch immer fein aussehen. In welcher anderen Reitweise finden wir so viele schöne, klassisch verarbeitete Beispiele solider Handwerkskunst? Sie verströmen in einer kalten, technisierten, unpersönlichen Zeit das Flair des Echten, Individuellen, Unaustauschbaren.

Was das Gewicht betrifft, so sind besonders die „echten" Arbeitssättel besonders schwer, ein ernster Nachteil für den Großteil des Reitervolks, die Reiterinnen. Doch, keine Angst, die Händler verschaffen uns auch leichtere und doch alltagstaugliche Modelle.

Als Muß für uns Westernfreizeitreiter empfinde ich, daß wir mies und kitschig aussehende Billigsättel ver-

Chico mit einem Custom-made-Buckaroo-Saddle von Simco. Die Horsehair-Mecate ist mit einem einfachen Knoten geknüpft – was bedeutet, daß Chico auf die Hackamore leicht und fein reagiert.

Eine Hackamore ist kein Instrument für immer.

Es gehört zu echtem Hackamore-Horsemanship, herauszufinden, wann der Zeitpunkt da ist, BEVOR das Pferd mit der Hackamore nicht mehr gut geht. Wer es schafft, sein Pferd vorwiegend oder ausschließlich mit Hackamore anzureiten, wird ein Pferd mit sensibelstem Maul für feine Kandarenschulung erhalten. Übrigens: Ein Bosal ist eine bleistift-dünne Hackamore, die mit Doppel-zügeln und Kandare verwendet wird. Ob eine mechanische Hackamore zu den Zäumungen für Westerfreizeit-pferde gehört, sei dahingestellt. Die mechanische Hackamore wirkt als Außenkandare ohne Mundstück auf Nase und Kinngrube.

Wenn wir das Gefühl haben, daß unser Pferd mit Trense oder Hacka-more nicht mehr gut arbeitet, ob-wohl wir alles korrekt machen, gehen wir auf ein Snaffle with Shanks über, ein Pelham-Gebiß, wel-ches das Mundstück der Trense hat, aber mittels Hebel und Kinnkette auch auf die Kinngrube, einen der empfindlichsten Körperteile des Pferdes, wirkt. Eine solche Hebel-trense ist bereits eine Kandare und darf nicht mehr mit Krafteinsatz bedient werden, um dem Pferd nicht irreparablen Schaden zuzufügen. Schade, daß Pferde nicht vor Schmerzen aufheulen können wie Hunde. Es würde ihnen weniger im

meiden. Denn die sind nämlich genau das, was viele Leute von uns erwarten: Auf schlechten Sätteln schlechte Reiterei mit unterklassigen Pferden. Und wenn es uns wie die alten Cowboys den letzten Cent kostet: Wir kaufen uns einen ordent-lichen Sattel und nehmen uns vor, ordentlich zu reiten, damit sich die dumme Arroganz uns gegenüber aufhört. Die meisten Menschen sind durch Äußerlichkeiten leicht zu beeindrucken und empfinden als gut, was sie als teuer einschätzen, womit ihre Hochachtung steigt.

Unverbissen – Zäumungen beim Westernreiten

Die normale, dünne, rostende, eiser-ne Trense mit Kupfereinlagen be-währt sich für unsere Westernfrei-zeitpferde sicher über viele Jahre. Twisted-Wire-Korrekturtrensen brau-chen wir nicht.

Die Hackamore gehört zu den besten Zäumungen für Pferde vor der Kandarenreife. An sich bedienen wir sie wie eine Trense, müssen jedoch noch konsequenter die Politik des Annehmens – Nachgebens eisern einhalten. Die in diesem Buch vorge-schlagenen Zügelhilfen sind übrigens stets so beschrieben, daß sie sowohl für Hackamore als auch Trense funk-tionieren. Die weiter oben beschrie-bene Buckaroo-Technik des Stoppens mit nur einem Zügel sollten wir stets beachten. Mit der Hackamore haben wir über ein Pferd nicht viel mehr Gewalt als mit einem Halfter, woran wir uns vor allem bei Geländeritten erinnern. Unser Pferd darf nie ent-decken, daß es sich auf die Hackamore legen kann.

Maul herumgerissen werden, weil die Reiter sich für ihre Grausamkeit genieren müßten. Ein Snaffle with Shanks können wir auch als Trense schnallen. Eigentlich wäre es ein Gebiß für die gesamte Pferdeausbildung. Es gibt Luxusausführungen mit Silberbesatz, auf die wir Westernfreizeitreiter bei vorhandener Cash ohne Scheu zurückgreifen sollten. Arbeitende Cowboys sparten nie mit Silber.

Die Hebel einer Kandare sollten nicht kurz sein, sondern etwa acht Zoll lang. Damit verfügt man zwar über eine enorme Hebelwirkung, mit der man bei Mißbrauch dem Pferd leicht die Zunge abdrücken könnte. Doch es scheint so zu sein, daß wir mit langen Hebeln eine leichtere Hand haben und das Pferd durch den weit unter seiner Nase liegenden Anzugspunkt williger beizäumt.

Nur für Gebisse mit Gaumenwirkung (Cathedral Bits, Spade Bits) verwenden wir Kinnriemen. Die meisten Pferde neigen dazu, sich auf den Kinnriemen zu legen, was sie bei einer Kinnkette eher vermeiden.

Gebrochene Gebisse wirken bei einhändiger Zügelführung nicht optimal, weswegen wir eines Tages auf ungebrochene Stangen übergehen, zur Servolenkung des Westernreiters sozusagen. Jeden Gebißwechsel vollziehen wir langsam, um Freund Pferd nicht mit dem neuen Eisen im Maul Angst einzujagen. Sehr populär, gut, preiswert und überall im Handel erhältlich ist das sogenannte

Tellington-Jones-Gebiß. Gegen diese vereinfachte Version kalifornischer Kandaren läßt sich nur einwenden, daß wir unserem Pferd mit den allzu beweglichen Hebeln die Mundwinkel einzwicken können und daß sie nicht schön aussieht, was sich mit einem schmucken Kopfstück aber leicht korrigieren läßt. Wer sich amerikanische Kataloge, zum Beispiel von der renommierten Traditionsfirma Garcia (Elko, Nevada), bestellt, kann aus einer ungeahnten Vielzahl von raffiniertesten Mundstücken und traumhaft schönen Seitenteilen wählen. Wem Mail-Ordering zu riskant erscheint, der findet sicher in Geschäften oder auf Messen eines Tages das richtige Gebiß für das Maul seines Pferdes, für seine Hand und für sein Auge. Die schönste und teuerste Kandare ist für uns Westernfreizeitreiter gut genug. Schließlich können wir anderswo sparen.

Kopfstücke

müssen wie alle anderen Ausrüstungsgegenstände schön und funktionell sein und stilistisch zum Sattel passen. Für Trensen brauchen wir einen Kehlriemen, der das Abschütteln bzw. Abstreifen des Kopfstücks behindert. Bei Kandaren können wir uns diesen Riemen ersparen und damit auch einige Handgriffe beim Zäumen. Fast jeder Pferdekopf

Nevada Reins

wirkt nobler, wenn nicht viel Lederzeug daranmontiert wurde. Weniger ist mehr, ein bißchen Silber als Highlight kann nicht schaden. Silberorgien an Zaum und Sattel meiden! Eine Kandare in Luxusausführung braucht kein verziertes Kopfstück mehr. Die Silberapplikationen werden meist mit Schrauben am Kopfstückleder befestigt und können unser Pferd aufscheuern. Für lange Ritte scheiden daher alle Kopfstücke aus, die irgendwo dem Pferd unbequem sein könnten. Je weniger Schnallen und Schrauben, desto besser. Latigokopfstücke mit nur einer oder keiner Schnalle sind eine gute Wahl. Ich bevorzuge Einohrzäumungen (sliding oder split ear) weil sie eher „western" aussehen. Geflochtene Rawhidekopfstücke faszinieren durch ihre Finesse

praktisch für die Trense sind die Nevada Reins, wo die Nylon- oder Horsehair-Mecate als Zügel und Führseil dient. Buckaroos können damit ihr Pferd auch noch hobbeln.

Kandarenzügel wählen wir leichter, doch nicht zu leicht. Ein gewisses Eigengewicht des Zügels teilt dem Pferd schon allein durch ein Anheben der Hand mit, daß wir etwas wollen. Diese „Avisofunktion" haben auch die Waterloops an Split Reins sowie nicht zu leichte Karabiner, mit denen wir die Zügel am Gebiß befestigen. Mit dem Karabiner können wir bei Freund Pferd anklingeln: „Du, jetzt kommt etwas." Solcher Verfeinerung des Reitens dienen auch Kettchen sowie die geflochtenen Kügelchen und Röllchen an den Romal Reins aus Rawhide.

Westernfreizeit-reiters Kleidung

Wenn irgendwie finanziell möglich, sollten Westernfreizeitreiter weder bei der Ausrüstung für Freund Pferd sparen, noch bei der Reitbekleidung. Denn Kleider machen Leute. Und unser stilvolles Auftreten als Westernfreizeitreiter beeinflußt unser Ansehen bei unseren Mitmenschen wesentlich. Klar, über Geschmack läßt sich streiten. Doch gerade wir

Westernfreizeitreiter hüten uns peinlichst, mit unserer Bekleidung lächerlich zu wirken. Vor allem, wenn wir uns außerhalb von Westernreiterkreisen bewegen. Es sei hier natürlich nicht von Leuten die Rede, welche ohnehin alles, was über ihren engeren Gesichtskreis hinausgeht, lächerlich finden. Doch der halbwegs intelligente Mitbürger sollte uns aufgrund unserer Westernbekleidung nicht unbedingt zum Grinsen finden können, als wären wir Japaner mit Lederhose und Tirolerhut beim Jodelwettbewerb. Doch ohne ein zeitweises „Ah, da reitet der Tschon Wayne!" oder „Vorsicht, der Sheriff ist da!" werden wir wohl nicht davonkommen. Durchgestylt muß nicht immer stilvoll sein. Die Grenze zwischen Eleganz, Komik und Abgeschmacktheit erweist sich manchmal als hauchdünn. Wie frisch dem Katalog entstiegene Leute wirken oft peinlich.

Vor allem beim Mischmasch von Ausrüstung bzw. Bekleidung verschiedener Reitweisen können wir überlegen, ob das stilvoll aussieht. Wer kann, zum Beispiel, schon einem Reiter mit Englischstiefeln, Westernsporen, Jeans, Cowboyhut und Gerte etwas abgewinnen? Andererseits paßt eine 'jupe camarguaise', ein Reiterinnen-Rock aus der Camargue überraschend gut zum Western Outfit. Beim Kombinieren mit Vorsicht und Geschmack vorgehen.

und Ausgeklügeltheit und sind oft wahre Flechtkunstwerke. Rawhide kann am Pferdekopf scheuern – Nasenriemen sind überflüssig, Mouth Shutters, Cavessons, Sperr-Riemen gemein. Sie verbergen die unfeine Hand des Reiters. Das Pferd sperrt das Maul aus zwei Gründen auf: Entweder aufgrund zu starker Gebißeinwirkung oder – positiv – weil der Unterkiefer locker und entspannt ist.

Zügel

Je nach Vorliebe des Reiters können sie offen oder geschlossen sein. Für Trense und Hackamore benötigen wir sehr starke, schwere, griffige Zügel aus Leder, geflochtenem Nylon oder (etwas sticheligem) Pferdehaar. Sehr schick, empfehlenswert und

Auf der Hut

sind wir bei der Wahl des Hutes. Denn wenig beeinflußt das Aussehen eines Menschen markanter als seine Kopfbedeckung. Ein geeigneter Hut läßt sich gar nicht so leicht finden. Denn er macht wenig Freude, wenn er nicht „galoppfest" ist. Durch Senken des Kopfes beim Reiten - was wir ja eigentlich im Sinne des guten Sitzes nicht tun sollten - können wir unserem Hut helfen, bei hurtiger Gangart nicht davonzufliegen. Ob uns eine Stampede String, ein Huthalteschnürchen, paßt, können wir vorsichtig in Erwägung ziehen. Doch ein guter Hut bleibt auch bei einigem Wind auf dem Kopf. Sommers verhindert er den nicht zu unterschätzenden Sonnenstich. Als Reiter befinden wir uns in einer höheren Position. Die Sonne kann uns ungehindert aufs Haupt knallen. Wer Hirn hat, schützt es.

Bei Regen wissen vor allem Brillenträger einen nicht bespritzten Sehbehelf zu schätzen. Doch auch sonst empfindet man einen trockenen Kopf als wenig unangenehm. Eine breite Krempe verhindert, daß uns der Regen in den Nacken rinnt oder daß uns die UV-Strahlung zu Rednecks macht.

Viele Reiter mögen schwarze Hüte, obwohl nur zu wenigen Gesichtern Schwarz paßt. Kleine Reiter können erwägen, daß ein schwarzer Hut optisch drückt. Es sieht gut aus, wenn die Hutfarbe mit der übrigen Ausrüstung harmoniert. Es zahlt sich aus, kritisch vor dem Spiegel zu überprüfen, ob auch die Form des Hutes dem Träger zu Gesicht steht. Zerknüllbare Wachshüte sind praktisch, bessern aber das Erscheinungsbild des Reiters selten auf. Schöne Lederhüte kann man für den nicht zu heißen Alltag empfehlen, da sie beim Geländereiten als guter Schutz gegen herabhängende Zweige dienen, die uns sonst ins Gesicht peitschen. Überdies wehren Lederhüte hervorragend Regen ab, lassen sich leichter reinigen als Filzhüte und halten gut auf dem Kopf, ohne unangenehme Druckgefühle zu verursachen. Im Sommer macht sich ein Strohhut fein, vor allem, wenn man ihn nicht ständig verliert. Guter Hut ist teuer, weswegen viele Leute die billig-populären Baseball Caps verwenden. Ob sie damit zur Optimierung ihres Erscheinungsbildes beitragen, sei dahingestellt, auch wenn Millionen solcher Kappen die Erde bevölkern. Wahrscheinlich sehen diese Kappen aber immer noch attraktiver aus als schlechte Cowboyhüte, welche besser als Karneval-Accessoire dienen.

Zwischen Kopf und Fuß

Das Hemd des klassischen Cowboys hat lange Ärmel, die vor Insektenstichen und Sonnenbrand schützen.

Just like a cowboy: Trainer Peter Vatterl.

Das Gilet bewahrt den verschwitzten Rücken vor zu raschem Abkühlen. Ein kräftiges Sakko läßt den Freizeitreiter elegant aussehen. Die Oldtimer trugen zum Reiten gern alte Sakkos auf, die sie pittoresk mit Buckaroo-Outfit kombinierten. Jacken, Blousons, Anoraks erfüllen ihren Zweck, vor allem aus Leder, wo sie gegen mechanische Belastung (Pferdezähne, Dornen, Äste, Reitbahnbanden) besser wirken als Stoff. Die Jeans tendieren, wenn sie „cowboycut" sind und ein bis zwei Zoll Überlänge aufweisen, nicht zum Hochkriechen am Stiefel. Dunkle Farben „schlucken" Bewegung, aber auch Masse. Übergroße Gürtelschnallen könnten bei einem Sturz den Bauch einschneidend verletzen. Mit einer Bolo Tie sieht man immer ein wenig ordentlicher aus, sie läßt auch ein nicht mehr ganz taufrisches Hemd noch repräsentativ erscheinen. Sehr viele Bolo Ties sind Kitsch. Halstücher können gut aussehen.

Cowboys Krachlederne

Chaps machen sich gut bei kaltem Wetter, bei Regen und beim Zureiten von Jungpferden im Corral. Die rauhledernen Showchaps eignen sich ideal zu maximaler Regenwasseraufnahme, weswegen der Freizeitreiter Glattleder bevorzugt, von welchem auch der Dreck besser entfernbar ist. Viele Reiter meinen, daß sie durch Chaps einen ruhigeren Sitz bekommen. Deswegen wundere sich keiner, wenn er sommers bei 30-Grad-Turnieren Reiter in Jeans mit Leder drüber schwitzen sieht.

Schlechthin Spitze

Jahrhundertelange Reittradition führte zum Cowboystiefel in der heutigen Form. Wenn wir uns Reiter auf mittelalterlichen oder barocken Bildern ansehen: Die meisten tragen „Westernstiefel". Dieses ebenso praktische wie bequeme Schuhwerk bringt uns einige Vorteile: Die auffällig lange Stiefelspitze hilft, den Steigbügel rascher zu finden. Die – bei Originalstiefeln sehr – hohen Absätze verhindern, daß der Fuß bei Sturz durch den Bügel rutscht und der Reiter dann „unelegant" mitgeschleift wird. Der niedrige und weite

Schaft sorgt für Belüftung. Die Hose trägt man eher außen, damit man nicht abends den Reitplatz aus den Stiefeln leeren muß. Die vielen verschnörkelten Ziernähte bewirken größere Steifigkeit des Stiefels, ohne daß dickeres Leder verwendet werden müßte. Buckaroo Boots, Westernstiefel mit hohen Schäften wie bei Englisch-Stiefeln, erweisen sich in der Schlammsaison als günstig, sind aber teuer und schwer aufzutreiben. Arbeitende Cowboys lassen sie sich gern maßanfertigen. Turn- oder Bergschuhe mit Minichaps gehören aus Gründen der Optik und Sicherheit an keinem Tag des Jahres zur Ausrüstung des Western(freizeit)reiters.

Sporen

Kandaren und Sporen verwendet der Westernreiter keineswegs, um seinem Pferd Gewalt anzutun, sondern um die Hilfengebung zu verfeinern. Ab einem gewissen Zeitpunkt der Reiter- und Pferdeausbildung wird das Reiten mit Sporen und Kandare einfach besser, feiner, raffinierter. Sporen verwenden wir eher selten zum Antreiben des Pferdes, sondern um Freund Pferd präziser mitteilen zu können, was wir wollen. Ein Reiter, der nicht weiß, ob er mit dem Sporn am Pferd ist oder nicht, hat sich die Sporen noch nicht verdient. Durch den ständigen Spornkontakt wird das Pferd zuerst verrückt und dann

„Keksradsporen":
großes Rad,
milde Wirkung.

abgestumpft. Im Westernreiten tendieren viele Leute dazu, allzu früh Sporen anzulegen. Eine Gerte kann nur bedingt als Spornersatz dienen. Westernsporen wirken wesentlich milder als ihre Artgenossen von der Englisch-Fraktion, weil die Rädchen am Pferdekörper abrollen. Beim Westernreiten setzen wir den Sporn (wie jede Hilfe) nur dann ein, wenn wir etwas vom Pferd wollen. Kriegen wir, was wir verlangen, hat unser Pferd seine Ruhe. Der Sporn wirkt übrigens in Gurtnähe, wo noch Rippen sind, effektiver als am Bauch. Testen wir am eigenen Körper! Je größer das Spornrad und je mehr Zacken, desto milder die Wirkung. Kleine Reiter nehmen eher kürzere, nach unten gebogene Sporen und tragen diese tief am Stiefel. Große Reiter verwenden lange, nach oben gebogene Sporen und tragen diese oberhalb der Ferse. Buckaroo Spurs mit Rädchen, so groß, wie sie Oma zum Keksausschneiden verwendete, sind rar. Durch die kleinen Metallkügelchen klingeln sie besonders laut. Das ist kein sinnloser Schnickschnack. Denn wenn wir mit dem Sporn klingeln, geben wir unserem Pferd bereits ein

Aviso. Der Sporneinsatz kann dann unterbleiben oder zarter ausfallen. Sporen mit breiten Bügeln bleiben stabiler am Stiefel. Solche Stabilität erhöhen breite Sporenriemen. Haben wir Probleme mit nach oben rutschenden Sporen, so können wir das durch ein dezent vor dem Absatz unter dem Stiefel geführtes Kettchen oder eine Lederschnur lösen. Auf wel-

che Sporen unser Pferd am besten anspricht, müssen wir herausfinden. Wie bei den Kandaren, so gibt es auch bei den Sporen wahre Kunstwerke der Gürtlerzunft. Als Westernfreizeitreiter leisten wir uns für den Alltag tolle, schön verarbeitete Sporen. Tragen wir Billigware, so achten wir auf korrekte handwerkliche Ausführung. Billigsporen müssen nicht schlecht sein.

Mein Pferd - mein Freund

Gegenseitig Geben
und Nehmen.

Partnerschaft mit dem Pferd ist eine beliebte Phrase in einer Zeit boomender Pferdeliteratur und allgemein verkürzter Pferdelebensdauer. Für uns Westernfreizeitreiter wird Partnerschaft mit Freund Pferd zu einem wesentlichen Inhalt unserer Freizeit.

PARTNER

In einer guten Partnerschaft kriegt jeder seinen Teil. Partnerschaft beruht auf gegenseitigem Vorteil. Wie wir bisher sahen, bringt unsere Schulung unserem Pferd ein gesundes Leben voll Kraft und Inhalt sowie ohne Langeweile. Nur wenige Pferde dieser Welt befinden sich in der Lage, ein völlig natürliches Leben zu führen. Unsere Fürsorge und Ausbildung schafft dem Pferd unter einigermaßen künstlichen Lebensbedingungen ein lebenswertes Leben in Würde. Umgekehrt profitieren wir von dieser Freundschaft, indem wir Freude aus unserer Beschäftigung mit dem Pferd ziehen.

Reiten und Persönlichkeitsentfaltung

Unser Pferd kann uns weder als Ersatz für eine kaputte Ehe, Karriere oder fehlende Kinder dienen. Das dürfen wir von ihm nicht erwarten. Dafür aber lernen wir von ihm eine Menge für unser Leben in Familie und Beruf: Bestimmtheit, Konsequenz, Großzügigkeit, Dankbarkeit, freundliche Unerbittlichkeit und Beharrlichkeit, Handeln im richtigen Moment, realistisches Zurückstecken unerfüllbarer Forderungen, Diskretion; dem Partner helfen, sein Gesicht zu wahren, um künftige Beziehung nicht zu verbauen; das

Warten auf die richtige Stunde, Geduld, Mut. All das und vieles mehr praktizieren wir im Umgang mit unserem Pferd, das uns auf diese Weise hilft, unsere Persönlichkeit zu entfalten. Und natürlich lernt auch unser Pferd wiederum all dies seinerseits aus seiner Perspektive. Kraft und Erfrischung, die wir aus dem Umgang mit unserem Pferd schöpfen, geben uns neue Energie für Beruf, Partnerschaft und Familie.

Reiten als Gesundheitsfaktor

Natürlich könnten uns da auch andere Reitweisen helfen, doch die Prinzipien des Westernfreizeitreitens bringen krampflose Erfüllung. Anläßlich unserer Diskussion des korrekten Sitzes sahen wir, daß unsere Reitweise mit korrektem Sitz einen Segen für unsere zivilisationsgeschädigte Wirbelsäule bildet. Die aktive Lockerheit des Sitzes, das Mitrollen des Beckens mit der Bewegung fördern positiv das Kreuz. Erst vor einigen Tagen fragte ich eine etwa 25jährige Dressurreiterin, warum sie denn heute nicht reite. Sie habe Kreuzschmerzen, meinte sie, weil sie schon von früher Jugend an geritten sei. Wenn ein Reiter Rückenschmerzen hat, sitzt er falsch, verkrampft, spannt ständig Rücken- und Bauchmuskulatur an. Damit schädigt er aber auch sein Pferd, da er kein elastisch mitgehen-

der Passagier ist, sondern ein unbeweglicher Sack oder – noch schlimmer – sogar gegen die Bewegung des Pferdes arbeitet.

Der falsche, Roß und Reiter schädigende Sitz beginnt schon mit dem in unserer Reitweise streng verpönten Anhaltenmüssen am Zügel. Dies führt zu Verkrampfung bei beiden Partnern.

Wann immer wir merken, daß wir vom Reiten verspannt sind, müssen wir dem Problem auf die Schliche kommen. Das Pferd ist nie schuld. Sitzen wir zu steif aufrecht? Sitzen wir zu bucklig? Spannen wir unsere Muskeln sinnlos an? Klemmen wir unbewußt irgendwo? Denken wir fest daran, daß wir locker und ungezwungen Eleganz ausstrahlen wollen. Das kann uns helfen.

Versammlung des Pferdes

Damit unser Partner Pferd keine Rückenproblem bekommt, müssen wir es in der bereits beschriebenen Weise trainieren. Am Anfang des Trainings geben wir uns zufrieden, daß wir die Pferdenase nach unten arbeiten. Ein Pferd, welches mit hoher Nase geht, drückt den Rücken durch und kriegt auf Dauer deformierte schmerzende Wirbel und eingeklemmte Bandscheiben. Wer glaubt, daß er durch Reiten mit lockerem Zügel und freiem Kopf seinem Pferd einen Gefallen erweist, der irrt. Wenn wir einen schweren Kartoffelsack auf dem Rücken schleppen, machen wir möglichst einen Buckel, damit unsere Muskulatur und nicht unsere Wirbelsäule die Last trägt. Deshalb senken wir den Kopf. Also muß auch die Pferdenase beim Reiten hinunter.

Das aber ist nur der erste Schritt, bei welchem viele Westernreiter irrtümlich verharren. Denn mit der Nase in Richtung Boden verlagern wir das Pferdegewicht nach vorne, wo ohnehin schon die Hauptlast liegt. Wir erkennen das daran, daß bei unbeschlagenem Pferd eher die Vorderhufe abgenützt werden. Das gilt es zu vermeiden. Außerdem wollen wir die Vorderbeine nicht zusätzlich belasten. Pferde, die vorsätzlich auf die Vorhand geritten werden, z. B. durch viel Schlaufzügeleinsatz oder Leichtreiten, haben eher Vorderbeinprobleme. Sie werden übrigens gern auch nur vorne beschlagen. Außerdem können wir ein Pferd nur dann mit leichter Hand wenden und lenken, wenn seine Vorhand deutlich entlastet und die Hinterhand vermehrt belastet wird. Ein auf der Vorhand gerittenes Pferd ist ein schwer lenkbarer Gaul, dem mit Muskelkraft und Schweiß die Richtung vorgegeben werden muß. Daher der rote Kopf vieler Reiter nach „Vorhandreitstunden". Ein Pferd, dem wir hingegen die Vorhand entlasten, dreht sich hurtig

und leicht wie eine Feder. Es wird von hinten her durch die Körpersprache gelenkt, nicht durch den Zügel.

Was nun? Wir motivieren durch Zügelzupfer unser Pferd, die Nase einzuziehen, idealerweise bis knapp vor die Senkrechte, nicht mehr. Das Genick ist dabei der höchste Punkt des Pferdes. Nun haben wir ein beigezäumtes Pferd. Aber noch kein versammeltes Pferd. Um diese ersehnte Kostbarkeit - im Lauf einiger Zeit - zu ergattern, ticken wir im Trab knapp nach jedem Beizäumzupfer zart-bestimmt mit den Sporen knapp hinter dem Gurt. Damit treiben wir die Hinterhand unter die Körpermasse des Pferdes. Es ist nun versammelt. Versammelt heißt, konzentriert und bereit für seine Aufgaben. Die Kruppe senkt sich. Die Hinterbeine treten bis zum hinteren Sattelrand vor. Mit so einem Pferd ist jedes Manöver der Reiterei möglich. Wie sehr unser Pferd sich versammeln kann, sehen wir, wenn wir vor einem Spiegel oder einer Kamera rückwärtsrichten. Das immer wieder verlangte Versammeln stärkt die Muskulatur unseres Pferdes zu athletischen Ausmaßen.

Selbstverständlich wird jedes Pferd gegen diese Anstrengung nachdrücklich protestieren. Es wird versuchen, mit Tricks herauszukommen.

Der beliebteste Trick ist das Schiefgehen. Es wird buckeln, steigen...Unsere Aufgabe wird nun sein, solche Tricks dem Pferd auszureden. Unsere Sprache ist der Körper. Versammlung funktioniert in jeder Gangart und fällt im Galopp am schwersten. Im Schritt scheint sie entbehrlich, da wir hier vor allem Geschwindigkeit verlangen. Versammlung, d. h. Konzentration, können wir von Pferd und Mensch immer nur für beschränkte Zeit lang voll erhalten. Es würde unser Pferd zuerst verrückt und dann abgestumpft machen, wenn wir die Versammlung ständig verlangen. Versammlung sollen wir stets erlangen können. Unser Pferd muß sie uns geben, wenn wir wollen. In der Praxis versammeln wir vorübergehend immer wieder während des Trainings und durchgehend während eines Turniers oder während eines Showauftritts. Versammlung vom Pferd nicht zu verlangen, ist ungefähr so sinnvoll, wie wenn wir einem Kind gestatten, sich nie die Zähne zu putzen. Unsere Toleranz wird vorerst auf große Sympathie stoßen, sich später aber schmerzhaft rächen. Und wir können auf diese Weise Kunden von Seminarveranstaltern werden, die „Pferde-Fitness" anbieten, „Akupressur, Unterstützung bei Verspannungen bzw. undefinierbaren Bewegungsstörungen und Steifheiten".

Versammlung des Reiters

Ist es nicht seltsam? Wir haben von unserer Wirbelsäule gesprochen und mußten deshalb auf die unseres Pferdes eingehen. Roß und Reiter bilden eine Einheit. (An dem antiken Gerede von den Kentauren muß was dran sein.) Verlangt der Reiter vom Pferd Versammlung, so muß auch er sich sammeln, nämlich konzentrieren. Sobald wir beim Reiten eines Zirkels nicht visuell diesen mit unseren Augen im voraus planen und geistig diesen Prozeß mitverfolgen, wird ein sensibles Pferd das spüren und von der Ideallinie abweichen. Sobald wir auf dem Zirkel an einen fliegenden Galoppwechsel denken, den wir aber nicht ausführen, wird das sensible Pferd zumindest Ansätze zu einem Changement zeigen. Als Reiter müssen wir immer dann, wenn wir von unserem Pferd Konzentration wollen, diese auch von uns verlangen. Von daher kommt aber auch der beglückende, yoga-artige Effekt des Bahnreitens: Der Aufbau hoher geistiger Spannung bewirkt zusammen mit der folgenden Entspannung das Glücksgefühl.

An der frischen Luft

befinden wir uns durch unsere Leidenschaft häufiger als andere Leute. Wir meiden die Halle, wann es

nur geht. Und schon gar, wenn sie beheizt oder klimatisiert sein sollte. Bitterste Kälte ist kein Grund, nicht im Freien zu reiten. Unserem Pferd wird nicht leicht kalt, und wir verfügen über Bekleidung, die wir in etlichen Schichten überziehen können. Das einzige Problem ergibt sich eventuell nur beim Aufsteigen in den Sattel. Im Sommer können uns die Insekten die Hölle heiß machen. Sprays helfen uns und Freund Pferd für einige Zeit. Doch wenn der Pferdeschweiß stärker riecht als das Abwehrwässerchen, stürzt sich die Stecherbrut auf unser Roß, das sich nach einiger Zeit damit abfindet. In der Camargue haben die Rösser auf jedem Quadratzoll ihres Körpers eine kleine Insektenbißbeule und leben dennoch recht zufrieden vor sich hin. Der Winter ist für Pferde, wenn sie genug Nahrung haben, die bessere Jahreszeit und für uns die bessere Trainingszeit. Viele Leute reiten im Winter nicht, weil es ihnen zu kalt ist, und im Sommer nicht, weil sie zu sehr schwitzen. Viel vom Jahr bleibt da nicht übrig.

Das Leben im Freien tut uns und unserem Pferd immer gut. Unsere Resistenz gegen Erkältungskrankheiten steigt. Ausgeglichenheit breitet sich beim Ausreiten und danach in uns aus. Ein Pferd sollte mindestens einmal pro Woche ausrei-

ten. Es geht dann in der Reitbahn besser und verhält sich weniger schreckhaft.

Reitpferdehaltung im Freien

Wenn schon uns Höhlenbewohnern das Freiluftleben guttut, um wieviel mehr dann unserem Pferd? Wer seinem Pferd immer Boxenhaft zumutet, sollte selbst sein Leben in einem Klo eingesperrt verbringen müssen. Ein Pferd sollte etwa zwölf Stunden des Tages oder mehr im Freien leben dürfen, es sei denn, es regnet oder schneit viel oder die Insektenplage ist zu groß. Es besteht in der Haltung ein Unterschied zwischen Reitpferd und Nichts-Tun-Pferd. Schulung bedeutet wie für den Menschen einen gewissen Streß und sensibilisiert. Ein Reitpferd sollte nicht in Schnee und Regen stehen, auch wenn es will. Selbst bei den „Robustpferderassen", den Isländern etwa, die häufig bei jedem Wetter im Freien sein dürfen, sehe ich auffällig viele Huster. Häufig werden kostbare Turnierpferde zwecks Ausschließung von Verletzungsgefahr besonders sorgfältig eingeschlossen. Was kann ein Pferd dafür, daß es teuer ist? Wie dem auch sei: Zur Pferdehaltung existieren massenhaft Meinungen. Unsere Westernfreizeitpferde sollen möglichst viel Zeit im Freien verbringen. Tendieren sie zur Faulheit, so erweist es sich als günstig, sie vor dem Reiten einige Stunden in der Box dösen zu lassen. Sie werden dann mehr Gehlust zeigen.

Freund Pferd wird uns vernünftige Haltungsbedingungen mit Ausgeglichenheit, Mangel an Schreckhaftigkeit, Trittsicherheit und Gesundheit danken. Auf einem Pferd, das sich besser fühlt, werden wir zu besseren Reitern: Partnerschaft beruht auf Gegenseitigkeit. Eingesperrte Sklaven zu reiten geziemt Sklaven und Diktatoren.

Ernährung unseres Freizeitreitpferdes

Jedermanns Wohlbefinden hängt grundsätzlich von seiner Ernährung ab. Auch das unseres Pferdes. Viele reiterliche Probleme wären leicht beseitigt, wenn der Reiter sich über die Fütterung mehr Gedanken machen und die Rationierung nicht fragwürdigen „Experten" überlassen würde. Es kommt ja heute in unseren Breiten gottlob nur noch selten vor, daß Pferde an Unterernährung leiden. Eher das Gegenteil ist der Fall. Dralle Rösser haben aufgrund opulentester Fütterung nur Flausen im Kopf und bereiten auch professionellen Reitern oft nicht ungefährliche Schwierigkeiten. Die Rösser sticht der Hafer, d. h. der zu hohe Proteingehalt ihrer Rationen. Viele Reiter und Halter verabreichen ihren Pferden einerseits aus falsch verstandener Tierliebe zuviel, andererseits aus unterbewußt schlechtem Gewissen wegen nicht artgerechter Haltung. Das arme Pferd soll wenigstens ordentlich essen. Für Nicht-Reitpferde mag das, solange keine Koliken, Rehen etc. auftreten, nicht schaden.

Dem Reitpferd aber schadet die fahrlässige Fütterung insofern, als der Reiter durch die Schwierigkeiten, die ihm das übermütig-übersättigte Pferd bereitet, zu Zwangsmaßnahmen greifen muß. Es wird mehr Kraft und Gewalt im Spiel sein, dem Pferd werden unter Umständen Schmerzen zugefügt, damit es sich unterwirft. Noch schlimmer: So ein Pferd wird dann nicht gern oder gar nicht mehr geritten. Hat es Glück, schickt man es auf die Weide oder in die „Zucht". Hat es Pech, wird es zu vermehrter Boxeneinzelhaft verurteilt. Oder es wird von unzufriedenem Besitzer zu unzufriedenem Besitzer verkauft... Viele importierte Criollos etwa erleiden letzteres Schicksal. In

Ausgeglichenheit breitet sich in uns aus.

ihrer Heimat kargste Verpflegung gewöhnt, werden sie bei uns mit hochwertiger Nahrung vollgepumpt, bis sie vor lauter Energie an der Decke kleben, weswegen sie dann als „schwierig" oder „nur mit Gaucho-brutalität reitbar" gelten. Ähnlich betrachtet man Import-Andalusier in unseren Landen als nicht unproblematisch, und sie werden nur guten Reitern empfohlen, bis sie den Übergang von spanischem Stroh mit ein paar Körnchen zu deutschem Qualitätsheu und deftigen Leckereien verdaut haben.

Bewegung im Freien.

6 Heu, 6 Hafer

Ein American Quarter Horse wiegt durchschnittlich etwa 500 Kilo. (Das Gewicht unseres Pferdes läßt sich leicht durch einen Ritt zur nächsten Brückenwaage feststellen.) Für das bißchen Arbeit von ein, zwei Stunden, das ein Freizeitreiter (oder Turnierreiter) täglich von ihm verlangt, genügen grundsätzlich 6 kg Heu und 6 Liter Hafer pro Tag. Damit sollte es schön gesund und glänzend ausschauen, ohne daß man die Rippen sieht. Spürt man die Rippen beim Auflegen der Hand nicht, so ist das Pferd zu fett.

Zu fette Pferde tendieren zu vermehrter Schreckhaftigkeit, auch auf der Koppel. Die Folge: Verletzungen, Zerrungen, Zwangspausen, Tierarztkosten. Wirkt das Pferd zu dünn, gibt man mehr Heu. Zeigt es zuwenig Feuer, erhöht man die Kraftfutterration. Gebärdet es sich verrückt und muß vor dem Reiten longiert werden, gibt man weniger Kraftfutter. Hilft das nicht, füttert man Stroh statt Heu und/oder verbessert die Haltungsbedingungen. Mineralstoffgaben schaden meist nicht, vor allem nicht dem Futtermittelhandel. Saftfutter (Äpfel, Karotten...) soll man füttern, wenn das Pferd nicht grasen kann. Der Nährwert von Saftfutter kann die Rittigkeit von leichtfuttrigen Pferden – und das sind viele Freizeitpferde – beeinflussen, positiv oder negativ. Das gilt auch für diverse Mittelchen und Futterzusätze, die wir nur bei echtem Bedarf und mit kritischer Vorsicht verwenden.

Stroh & Co.

Schönes Stroh ist ein hervorragendes Reitpferdefutter, das in seinem Nährwert dem Heu nicht viel nachsteht, was bei der Rationierung zu bedenken ist, wenn wir Stroh als Einstreu verwenden. In alten Zeiten hieß es, Stroh gebe „guten Atem". In der Tat schwitzen nur mit Stroh und Kraftfutter ernährte Pferde weniger und verfügen über viel Kraft, ohne fett zu sein. Mit Grassilage gefütterte Pferde hingegen schwitzen mehr. Dennoch ist Grassilage eine gute Wahl, Schimmelfreiheit vorausgesetzt. Gute Grassilage sollte nicht feuchter sein als frischer Pfeifentabak und auch so aromatisch riechen. Füttern wir Grassilage, muß das Heu entfallen, wir brauchen auch weniger Kraftfutter, um nicht sinnlose Aufmüpfigkeit unserer Pferde zu provozieren. Wiesencobs, Heucobs (gepreßtes Gras) sind nicht nur für Huster ideal und erlauben exakte Dosierung ohne Verschwendung. Frisches Gras ist ein hochwertiges Pferdefutter und ersetzt Heu und

Kraftfutter, hält aber in der Wirkung nicht so lange an. Ein Reitpferd sollte nicht viel länger als dreimal zwei Stunden pro Tag weiden, je nach Jahreszeit und Wiese. Es braucht dann kaum noch anderes Futter. Maiengras macht fett und aufsässig, tut unseren Reitpferden in der richtigen Dosis aber sehr gut. Die Weidegrasration für ein gutes Reitpferd effizient zu ermitteln, erfordert Gespür.

Halten wir unsere Pferde selber, können wir die Fütterung problemlos steuern. Als Einsteller in einem Mietstall erlebt man oft Wunder. Ich hatte mit unserem Criollo Chico einige Zeit nach Einzug in einen neuen Stall täglich gesundheitsgefährdende Rodeos zu bestehen, wobei ich damit rechnen mußte, eines Tages nicht mehr als Sieger daraus hervorzugehen. Verhandlungen zwecks Kraftfutterreduktion blieben erfolglos. Der Stallbesitzer meinte, er wisse schon, was er tue, schließlich halte er schon 15 Jahre lang Pferde... Nachdem wir noch in der Mitte des Monats mit unserem Chico umgezogen waren, änderte sich bei vernünftiger Fütterung das Verhalten unseres Wildlings signifikant. Er wurde rasch wieder ein braves Reitpferd.

Gutes Horsemanship ist nie eine Frage der Quantität. Wer sich jahrzehntelanger Pferde- und Reiterfahrung brüstet, hat damit noch kein Statement über die Qualität abgegeben. Schließlich kann man auch jahrzehntelang Mist bauen.

Mit der Apothekerwaage

Der beste Deal ist, wenn Sie mit dem Stallchef ausmachen, daß er eine Basisfütterung zur Verfügung stellt, wobei Sie selbst dann je nach Belastung mehr oder weniger Kraftfutter nach dem Reiten geben. Eine derartige Fütterung mit der „Apothekerwaage" ruft bei vielen unverständigen Stalleuten Ablehnung hervor. Das Personal hat oft keine Lust und Zeit, zu lesen, welche Fütterungshinweise auf der Boxentür stehen, und litert gleichmäßig hinein. Dennoch müssen wir einen Stall haben, wo exakte Fütterung gemäß Arbeit, Alter und Rasse des Pferdes sowie gemäß Außentemperaturen stattfindet, wenn wir ein gleichmäßig rittiges Pferd wollen. Haben wir einen ganztägigen Ritt hinter uns, braucht unser Pferd mehr Kraftfutter. Steht es den ganzen Tag bei Minusgraden auf der Koppel, braucht es mehr Heu. Ein Pferd über 12 Jahre verträgt mehr Kraftfutter als ein junges. Unterernährte oder falsch ernährte Pferde neigen zu Krankheitsanfälligkeit der Haut und des ganzen Körpers. Glauben wir, daß unsere Fütterung stimmt und Freund Pferd aber nicht rund aussieht, so müssen

wir entwurmen und/oder die Zähne überprüfen lassen.

Stallwahl

Als Reiter mit derart genauen Fütterungs- und Haltungsvorstellungen gehören wir zu den kritischen und nicht leicht zufriedenzustellenden Kunden der Pferdeeinstellbranche. Damit wollen wir leben. Wir gehen Kompromisse auf Kosten unseres Pferdes nur ein, wenn wir müssen. Der Stall unserer Wahl sollte allerdings in der Nähe unseres Wohnorts sein, damit nicht die gesamte Erholung flöten ist, wenn wir daheim genervt aus dem Auto steigen. In den Provinzen deutscher Zunge neigen die Reitplätze dazu, sich für einen Großteil des Jahres in Wasserlandschaften zu verwandeln. Einen Stall mit Halle wird man da als leidenschaftlicher Reiter nicht meiden. Welche Reitweise dort dominiert, stört uns wenig; Hauptsache, alles andere stimmt. Von größter Wichtigkeit ist das Personal, welches die Pferde durch Brutalität, Gleichgültigkeit und Ungeduld stark negativ beeinflussen kann. Ein schlecht gerittenes und gehaltenes Pferd kann hingegen durch einen liebevollen Pfleger in einem sonst miesen Stall viel Lebensmut schöpfen und trotz aller anderen Widrigkeiten aufblühen. Vertrauen ist gut, Kontrolle besser: Überprüfen wir alles, ohne zu beleidigen. Sehen wir nach, ob unsere Pferde verläßlich auf die Koppel geführt werden. Ein guter Chef wählt gutes Personal und beste Haltungsbedingungen. Allein schon wie ein Pferd vom Pfleger am Halfter geführt wird, beeinflußt sein Handling durch uns. Wenn unserem Pferd der Kopf derb angefaßt wird, wird es mit Derbheit reagieren und mit ständigem Kopfhinunterreißen, wenn es beim Geführtwerden zwischendurch fressen darf. Wenn man mit unserem Pferd herumschreit, wird es hektisch werden oder abstumpfen und nicht mehr reagieren, wenn wir einmal ein ernsthaftes Wort mit ihm zu reden haben sollten.

Es existieren übrigens Ställe, wo es zum Normalfall gehört, daß hin und wieder jemand ein Pferd reitet, das nicht ihm gehört. So etwas dürfen wir uns auf keinen Fall gefallen lassen und schreiten energisch ein. Ein gut gerittenes Pferd kann innerhalb von ein paar schlechten Ritten nachhaltig

verdorben sein. Außerdem schert sich ein Nicht-Besitzer bei einem Ausritt sicherlich weniger um die Gesundheit der Pferdebeine als der Eigner. Der häufige Wechsel von Trainern übrigens tut einem Pferd ebensowenig gut wie mehr als ein Reiter. Sollten wir eines Tages in den Stall kommen und unser Pferd überraschenderweise im Schulbetrieb vorfinden (Ja, das gibt es!), sehen wir uns sofort nach einem neuen Betrieb um, ohne uns auf intelligente Expertendiskussionen einzulassen. Es empfiehlt sich, stets über Preis und Qualität der Ställe in der Umgebung Bescheid zu wissen. Bei Turnieren bekommen wir günstig Gelegenheit, Einstreu, Pflege, Pfleger etc. anzusehen und Einsteller über ihre Zufriedenheit zu befragen.

Die Pferde meiner Familie stehen in einem Dressurstall, und es macht uns

nichts aus, reiterlich die Außenseiterrolle zu spielen, solange sonst alles (Haltung, Halle, Reitplätze, Ausreitgelände) stimmt. Viele Leute in diesem Stall haben zur Kenntnis genommen, daß Westernfreizeitreiten nichts Minderwertiges bedeutet, im Gegenteil. Das war anfangs nicht unbedingt so. Lassen wir den Pferden und ihren Reitern, die vor uns ein bißchen Angst haben, Zeit, sich an unseren Anblick, unsere großen Hüte, unsere Reitgeschwindigkeit, unsere klingelnden Sporen und Kandaren zu gewöhnen, auch wenn sie uns vorerst vielleicht ein „Ihr ganzes Outfit ist irgendwie ungut!" entgegengeifern. Selbstverständlich wird von uns auch erwartet, daß wir „nur" Ausreiter sind...

Lebenseinstellung

Westernfreizeitreiten
als Lebenseinstellung
und Energiezentrum.

Auch wenn unser reiter-
liches Niveau noch so
bescheiden sein mag: wir
beweisen Selbstbewußtsein
und lassen uns nichts drein-
reden. Brauchen wir Rat,
fragen wir. Sonst geben wir
zu verstehen, daß wir
allein zurechtkommen.

AUFTRETEN

Rat-Adressaten haben in der Reiterei ein schweres Leben. Gegenüber „eminent wichtigen" Turnierreitern, egal, welcher Sparte, zeigt der Westernfreizeitreiter keinerlei Demut, sollten sie solche durch irgendein Gehabe verlangen. Angeberei, Rechthaberei quittieren wir mit Kühle und Nichtbeachtung. Wir wollen reiten, nicht Hackordnungsrituale durchspielen. Wirkliche Könner und Profireiter haben ohnehin keinerlei Aufgeblasenheit nötig und sind meist nett. Es gibt allerdings Leute, welche abgrundtiefe Abneigung gegen Westernreiten hegen und sich durch keine noch so tolle Leistung unserer Pferde überzeugen lassen wollen. Was solls? Damit können wir leben. Und wir können uns menschlich wie organisatorisch vielfältig ins Vereinsleben einbinden. Daß wir dabei so auftreten, daß man uns auch als Nicht-Wettbewerbsreiter achtet, respektiert, vielleicht auch mag, sollte selbstverständlich sein. Das inkludiert saubere, stilvolle Kleidung, Beherrschung sowie Einhaltung der Reitbahnregeln und Umgänglichkeit in sonstigen Belangen des Reithoflebens. Mit den Menschen in der Umgebung des Reithofs pflegen wir tunlichst freundliche Gespräche/ Kontakte und lassen uns nicht von Idioten zu Streit hinreißen, der nachher noch andere Leute gegen uns und die Reiterei aufbringen kann. Üben Jäger dort, wo wir ausreiten, ihr Hobby aus, informieren wir uns, wann sie das Gelände frequentieren. Meist ist es die Zeit des „Büchsenlichts", so ein bis zwei Stunden um den Sonnenauf- und -untergang. Der Jäger möchte dann beim Auflauern des Wildes nicht gestört werden. Da viele Politiker, Geschäftsleute, Grundbesitzer, Juristen und andere einflußreiche Mitbürger das Waidwerk ausüben, geht ihnen der kluge Reiter besser aus dem Weg, wenn er kann, um nicht Schikanen gegen das Ausreiten zu provozieren. In den letzten Jahren ist das Verständnis zwischen Reitern, Jägern und Bauern erfreulicherweise gewachsen. Unsere wohltrainierten Westernfreizeitpferde übrigens werden nicht leicht unkontrolliert in Ackerflächen herumpflügen oder durchgehend in gestrecktem Galopp Wiesenwege umgraben, Fakten, welche zur Beliebtheit der Reiterei bei den Bauern beitragen, die langsam zu erkennen beginnen, welche Wirtschaftskraft für sie im Pferd steckt. Jedenfalls: Wann immer wir Westernfreizeitreiter in der Öffentlichkeit auftreten, verhalten wir uns erstklassig, verwenden beste Ausrüstung, reiten saubere Pferde mit Anstand und Können, das wir ständig zu erweitern trachten. Viele Leute erwarten von uns, daß wir billige Versand-Cowboyaccessoires an Roß und Körper tragen sowie letztklassige Reiter sind, die ihren Schwerpunkt vor allem auf Bier und Barbecues legen. Dieser Erwartung kommen wir nicht entgegen.

Westernfreizeitreiten bei Shows

Für Westernfreizeitreiter, die nie und nicht an Turnieren teilnehmen, bieten Reitklubfestivitäten eine hübsche Gelegenheit zur Präsentation von Pferd und Können. Das kann sich von einfachem, aber hervorragend disziplinierten Mitreiten bei Paraden und Umzügen über freundliche Wettbewerbe aller Art (Dollar Bill Race, Trail, Pole Bending, Orientierungsreiten etc.) hin erstrecken bis zu Quadrillen, Pas de deux und Freestyle Reinings solo.

Zur Musik tanzen

Westernfreizeitreiters Freestyle Reining braucht nicht unbedingt eine berittene Hanswurstiade mit hauptsächlich außerreiterlichem Tamtam zu sein. Ebensowenig die Quadrille. Es ist eine gute Idee, sich zuerst eine tolle Musik auszusuchen und nach ihr die Reiterei zu gestalten, als ein fixes Reitschema auszuarbeiten und dann die Musik darüberzustülpen. Teile verschiedener Musiknummern zusammenzustückeln macht sich selten gut. Nur wenn wir über professionelle Schnitttechnik sowie musikalische Kennnis und Einfühlsamkeit verfügen, kann Präsentables entstehen. Die Musik soll ja schließlich unsere Reiterei noch besser erscheinen lassen. Miese Musik muß durch hervorragendes Reiten aufgewogen werden.

Die Auswahl der Musik fällt schwer, da viele beliebte Country-and-Western-Lieder einen durchgehenden, getragenen Rhythmus aufweisen, der, wollen wir mit der Musik harmonieren, zum Beispiel nur Trab zuläßt, wodurch Fadesse aufkommen kann, welche wir bei Shows tunlichst vermeiden. Also kommen populäre Sachen à la Johnny Cashs „Ring of Fire" vielleicht eher weniger in Frage, falls wir nicht über zündende Ideen diesbezüglich verfügen. Eine Musik, die zumindest zwischen langsam, schnell, schneller variiert, kann uns wirkungsvoll helfen.

Reitend
eine Geschichte erzählen

macht sich fein und wird vom Publikum gut und gern verstanden. Deswegen können wir uns die Soundtracks von Westernfilmen zu Gemüte führen, die ja zu einer Handlung komponiert wurden. Die Zuschauer werden es uns danken, wenn wir uns auch hier vor Langweilerei hüten, denn viele Western-Soundtracks wirken zwar spannend, ziehen sich aber häufig langsam-getragen dahin, wenn wir an Ennio Morricones „Once Upon a Time in the West" oder „A Professional Gun" denken. Enorme Dynamik und Abwechslungsreichtum hingegen bietet der Komponist Elmer Bernstein mit „The Magnificent Seven" oder „The Comancheros". Allerdings existieren von vielen großartigen Kompositionen derart mickrige Kitschversionen, die man sich nicht einmal beim Stallausmisten anhören mag. Der Westernfreizeitreiter streift deswegen immer wieder durch die Soundtrack-Abteilungen der CD-Shops, um auf etwaige Musikschätze zu stoßen. Edle Interpretationen liefern u. a. das BBC Film Orchestra, das Utah Symphony Orchestra oder das Westwood Philharmonic Orchestra.

Kürzlich ritt ich auf einer Show für ein Hochzeitspaar zur Musik des Films „Stagecoach", den ich allerdings nicht kenne. Ich erzählte dem Publikum vorher, wie ich mir die Geschichte vorstelle: Grand Opening in Cinemascope-Landschaft (à la Monument Valley), harmonisch-geschmeidiger Galopp mit fliegenden Wechseln. Dann Romantikphase im Jog mit zierlichen Seitengängen aller Art: Die Liebenden treffen einander irgendwo bei einer Poststation. Danach geht es weiter in flottem Galopp, doch – ach! – böse Apachen oder Mexikaner versperren uns den Weg, weswegen ein harter Stopp nottut. Es folgt die rasende Verfolgungsjagd mit gestreckm

Galopp über die Reitplatzdiagonalen, Speed Control, hektischen Rollbacks, Pirouetten. Gott sei Dank kommt rechtzeitig die US-Kavallerie (durch Trompetensignal in der Musik, Marschtempo und ein MacDonald-Fähnchen dargestellt) angetrabt. Die Liebenden galoppzirkeln ergo glücklich vereint ins Happy End.

So oder so ähnlich lassen sich zu Filmmusik abwechslungsreiche Roßballettsachen erarbeiten, was von der Vorbereitung bis zur Aufführung viel Spaß machen kann. Bereitet man ein Solo vor, so bewährt es sich beim Ausloten, wie man die Musik reiterlich umsetzen könnte, einen Walkman zu verwenden. So stört man nicht seine Umgebung durch wieder und wieder wiederholte Musikpassagen, und wir haben die Bedienung stets zur Hand. Fernbedienungen allerdings sind auch nicht unelegant. Unseren Pferden bereitet die Musik Freude, bringt aber auch Aufregung, wenn das Orchester fortissimo loslegt. Sie neigen zum Antizipieren, da sie, wie ihr Reiter, die Musik bald auswendig können. Fünf Minuten Musikprogramm intensiv geritten strengen unser Pferd sehr an.

Reiten als Familienangelegenheit

Ein Partner mit Verständnis - Verständnis für unseren Partner

Was nützt es uns, wenn wir mit unserem Pferd in schönster Harmonie

leben, aber auf Kriegsfuß mit unserem menschlichen Lebenspartner stehen? Reiten, besonders nach unserer Art, gehört zu den zeitaufwendigsten Hobbies. Deswegen müssen wir uns verständnisvoll mit unserem Partner arrangieren. Denn wenn wir einem Beruf nachgehen, gute zwei bis drei Stunden täglich bei unseren Pferden verbringen, kann es dem geduldigsten Lebensgefährten zu unbunt werden. Unser Partner sollte daher unter Aufbietung aller psychologischen Finesse für die Pferdeleiden-schaft gewonnen werden und unser Leben als Horseman teilen. Gibt er/sie sich mit der Rolle als Assistent und Chauffeur zufrieden: okay. Doch viele nichtreitende Partner marschieren, gelangweilt im Reithof wartend, auf und ab. Der so auf uns lastende Zeitdruck macht uns zu schaffen und auch unsere Pferde nervös, die derartige Eile nicht verstehen und dahinter etwas Ängstigendes vermuten könnten. Unser Partner braucht also gute Beschäftigung, die ihm/ihr die Langeweile vertreibt.

Falls eine Beziehung nicht ohnehin schon sehr lose wurde, scheint es sehr angezeigt, daß unser Partner unsere Leidenschaft intensiv teilt. Das gemeinsame Interesse, die ständigen Sorgen und oftmaligen Freuden binden aneinander. Gesprächsstoff gibt es da genug. Und genug miteinander zu tun. Vor allem auf langen Ritten kommen zwar hin und wieder marginale Querelen auf, doch das wonnige

Mit Kind und Kegel

Deswegen bietet sich das Westernfreizeitreiten natürlich auch als Familienunterhaltung mit den Kindern an, besonders am Wochenende. Gemeinsame Reiterlebnisse wirken als einigendes Band zwischen den Familienmitgliedern, alle sind an der frischen Luft, alle haben Bewegung, und nachher können alle mitreden. Leider finden besonders Buben irgendwelche technischen Monstrositäten attraktiver als Pferde, die ihnen viel zu langsam sind. Doch auch sie werden sich der Faszination einer hübschen Galoppade am Fluß lang nicht immer entziehen können. Die Kinder lernen das Reiten schnell, vor allem auf braven Pferden, auf denen sie angstfrei herumturnen können. Beim Hinunterfallen kann natürlich schon etwas passieren, doch meist sind Stürze von Kindern harmlos. Wenn wir unserem Pferd korrekt beibrachten, daß es stehenbleiben muß, wenn wir abgestiegen sind, sollte es in der Lage sein, ruhig zu warten, bis sein kleiner Bruchpilot wieder an Bord klettert. Da Kinder sich den Tieren gegenüber meist weniger konsequent verhalten als Erwachsene, müssen wir unsere Pferde oft ein bißchen „nachtunen", das „Whoa!" wiederherstellen, allzu keckes Fressen mit Gebiß unterbinden etc., bis unsere Kinder endlich besser reiten als wir selbst.

Ob wir für unser Kind ein Pferd kaufen sollen? Wird das Interesse für den (Western)reitsport über den Sommer hinaus währen? Wer hat die Zeit, das Pferd immer wieder zu trainieren, damit es beim Reiten mit dem Kind sicher bleibt? Denn ein Pferd, das wir brav kaufen, bleibt nicht unbedingt so. Ob es nicht besser und sicherer ist, wochenends die Kinder auf unsere Westernfreizeitpferde zu setzen, während wir uns Pferde ausleihen? Wird unserem Kind das gekaufte Pferd auch noch im nächsten Jahr gefallen? Sind wir in der beneidenswerten Lage, eine Reihe von Pferden zu akkumulieren, oder müssen wir das arme Tier dann weiterverkaufen? Wenn wir berufstätig sind, werden wir schwerlich mehr als ein Pferd ordentlich reiten und pflegen können. Leute, die viele Pferde und kein Personal haben, müssen beim Reiten zurückstecken. Ein Pferd in Schuß zu halten, kostet Geld und viel Zeit.

Auf den Hund gekommen

Ob meine Stute Sassy Cutting-Anlagen hat, weiß ich aufgrund meiner Rindviehlosigkeit nicht, doch Hunde jagt sie so gerne, daß sich keiner zu ihr auf die Koppel traut, zumal sie einem allzu frechen Beller schon einmal in den Schwanz biß. Doch normalerweise harmonieren Pferd und Hund sehr gut. Die Hunde lernen rasch, daß auch unbeschlagene Hinterhufe keine Scherzartikel sind.

Vor der Straße heißt es für alle „Whoa".

Aufgehen im gemeinsamen Abenteuer überwiegt alles. Ein Kuß von Sattel zu Sattel vor einer ansprechenden Landschaftskulisse ist nicht nur im Film etwas Schönes.

Besonders wenn unser(e) Partner(in) sich vor Pferden ein wenig fürchtet, dürfte Westernfreizeitreiten eine ideale Sache sein, solche Bedenken zu zerstreuen: Die Pferde sind klar im Kopf, meist nicht von elefantenhafter Größe, sie hopsen nicht blödsinnig herum, lassen sich leicht lenken und können auch von einem Anfänger bald unter Aufsicht im Gelände bewegt werden.

Ein 36 Jahre alter Lipizzaner schlug unserem Hund einen Zahn aus, blitzschnell. Pferde mögen bei Ausritten den Hund als Herdenvergrößerung und Späher. Und Reiter mögen Hunde als Begleiter, wie man überall sieht. Schließlich weist der Hund eine Menge Eigenschaften auf, die wir von unseren Mitmenschen erwarten würden und doch selbst oft nicht haben: Mut, Kraft, unerschütterliche Treue, Beständigkeit, Schnelligkeit, Freundlichkeit, Takt, Geduld...

Für uns Westernfreizeitreiter empfiehlt sich ein Hund, der beim Ausreiten problemlos mitrennt. Ein Hund, der nicht mitkommen darf, wenn Herrchen die „gut duftende" Kleidung aus dem Kasten nimmt, ist arm. Hunde lieben das Leben mit Pferden. Es wäre daher schade, wenn z. B. Hüftgelenksschwächen, wie sie bei vielen Rassehunden vorkommen, ihnen diese Freude vergällen. Unser Hund sollte vor allem vor Straßen auf „Whoa!" reagieren und möglichst brav neben dem Pferd bleiben. Je besser seine Ausbildung, desto besser. Wie für das Pferd gilt für die Handhabung der Hundeleine: Annehmen, nachgeben; annehmen, nachgeben... Was wir mit dem Hund zu Fuß nicht schaffen, wird er wohl auch nicht tun, wenn wir im Sattel sitzen. Hunde lernen rascher als Pferde. Wir können dem Hund beibringen, sich zum Ableinen an der Pferdeschulter aufzustellen, sodaß wir uns nicht so weit nach unten beugen müs-

sen. Nicht jedes Pferd akzeptiert die kratzigen Hundepfoten. Wenn wir es schaffen, daß unser Hund nicht in die Reitbahn düst, haben wir viel gewonnen. Denn dann müssen wir ihn nicht anhängen, wenn jemand reitet, der fürchtet, daß sich sein Pferd fürchtet.

Road to Freedom

Wie in Argentinien der Gaucho oder in Frankreich der Guardian wurde in den USA der Cowboy vom unterbezahlten, berittenen Landarbeiter zum Symbol bereits verloren geglaubter Freiheit, Ursprünglichkeit und Männlichkeit emporstilisiert. Auch in Mitteleuropa geriet der Cowboy zum Sympathieträger, nicht zuletzt durch tonnenweise Wildwestfilme, die das Publikum nach wie vor gern konsumiert. Auf trivialem Niveau entwickelte sich eine Vorliebe für Cowboyhüte und -stiefel, die, zusammen mit anderem Westernzubehör kombiniert, nicht immer zum stil- und geschmackvollen Auftreten ihres Trägers beitrugen. Obwohl die Botschaft im Grunde eine positive ist: „Ich fühle mich irgendwie wie ein Cowboy; ich lasse mich von dieser unbehaglich technisierten Zivilisation nicht eingrenzen; ich bin für die Weite und für männliche Taten geschaffen..." Verwandt mit dieser Geistesrichtung sind auch die schwer motorisierten Vettern des Westernreiters, die Harley-Davidson-Fahrer.

Daß das Westernreiten in Mitteleuropa einen derart starken Aufschwung nahm, verdankt es der Fehlentwicklung der sogenannten „klassischen" Reiterei, welche die Westernreiter fälschlich als „Englischreiten" bezeichnen, was es aber nur zum Teil ist. In den Augen vieler Pferdefreunde blieb beim „Englischreiten" im 20. Jahrhundert nur noch formal etwas von dem übrig, was im 17., 18. und noch 19. Jahrhundert mit Recht „klassisches" Reiten genannt werden konnte. Wenn wir die unvergleichliche Leichtigkeit und Eleganz betrachten, mit der die barocken Oldtimer zu Pferd saßen, erkennen wir davon wenig im modernen Dressur- und Springturniersport, wo mitunter Verbissenheit, Spannung und Verkrampftheit zu herrschen scheinen. Abgesehen davon wirkt das Pferde"material" für viele Menschen oft zum Fürchten.

Diese und ähnliche Fakten überzeug(t)en immer mehr Liebhaber des Pferdes, es einmal mit „dieser Cowboyreiterei" zu versuchen, wo alles scheinbar-anscheinend leicht funktioniert und die Pferde sich so nett benehmen. Mein Eindruck mag wahrscheinlich subjektiv und nicht unpartteiisch sein. Doch nachdem ich mir etliche alte Reitbücher an langen Winterabenden durchgeschmökert habe, bin ich zur Überzeugung gelangt, daß das Westernreiten mit der altklassischen Reitkunst mindestens ebenso verwandt ist wie der moderne Dressursport. Doch solche Streiterei wäre müßig und würde nie zu exakten Ergebnissen führen. Es wäre letzten Endes eine dieser Diskussionen, wo alle irgendwie recht behalten.

Relativ rasch entwickelte sich das Westernreiten in den USA und in einigen anderen Ländern der Welt zum beinharten Leistungssport, in dem es manchmal, meist auf Kosten der Pferde, um viel Geld geht. Im deutschen Sprachraum pflegen die Westernreiter mittlerweile hauptsächlich das Turnierreiten, wogegen niemand etwas einwendet. Doch eine Trendumkehr zeichnet sich ab: Immer mehr Reiter entdecken wieder, daß sie mit der Westernreittechnik ein hervorragendes Werkzeug in der Hand haben, zusammen mit ihren Pferden die Freizeit niveauvoll zu verbringen und das Reiten gewissermaßen neu zu entdecken. Ein Teil dieses Trends hin zur Westernfreizeitreiterei ist dieses Buch.

Western Lifestyle

Als Westernfreizeitreiter können wir darüber hinaus uns mit einem enormen kulturellen Reichtum beschäftigen, je nach Lust , Laune und Interessenslage. Western Lifestyle bedeutet in den USA nicht unbedingt das ständige Tragen von Cowboystiefeln und -hüten, sondern darüber hinaus eine Vorliebe für Ranchleben und alles Uneingeengte. Viele Menschen

erblicken in der Flucht auf eine Ranch die Lösung ihrer urbanen Lebensprobleme. Häufig verbinden sie damit ihre Liebe zu den Pferden. Sie fahren gern schwere Chevy-Trucks mit überdimensionierten, riesigen Pferdetransportern. Viele lassen sich ein rustikales Log-Home, ein Blockhaus, bauen, das sie mit Navajo-Decken und Fellen ausstaffieren, nicht ohne Charme und mit viel Gemütlichkeit und künstlich knarrenden Böden. In spanisch beeinflußten Gebieten, Kalifornien, New Mexico, Nevada, floriert der Adobe-Stil, wobei moderne Häuser im Lehmbaulook hergestellt werden. Auch Reiterei und Essen sind mexikanisiert. Hier können wir Westernfreizeitreiter auf Urlauben und Ranchaufenthalten einiges entdecken. Wie bei uns Geschäftsleute ihre Partner auf die Jagd oder Jacht einladen, so tätigen viele amerikanische Businessmen ihre Vorgespräche zu Abschlüssen auf ihrer Ranch, wo

Sporen im Stil der Jahrhundertwende.

man reitet, jagt, grillt und sich an Cutting, Roping und pittoresken Cowboy-Aktivitäten wie etwa dem Kälberbrennen beteiligt.

Kunsthandwerk

Zum Western Lifestyle gehört auch das Sammeln von (altem) Pferdematerial, das mittlerweile stattliche Preise erzielt. Die barock-mexikanisch-indianisch aufwendig ziselierten Kandaren und Sporen, die gediegenen Ledersachen sind es – egal ob alt oder neu – wert, daß man eine Kollektion davon anlegt und Haus oder Wohnung damit stilvoll als Western Horseman schmückt. Als Reiter hegen wir natürlich nicht nur museale Bedürfnisse, sondern wollen auch gerade unsere prächtigsten Stücke im Alltag benützen und studieren ihre Ausgewogenheit sowie Funktionalität.

Western Art

Wer im Internet unter „Western Art" surft, wird erstaunlich fündig und findet reihenweise einschlägige Galerien, die ihre Produkte anbieten. Die Amerikaner pflegen zum Kitsch ein unkompliziertes Verhältnis und hängen sich geradezu unglaubliche Bilder zu unglaublichen Preisen an die Wand, Hauptsache, sie stellen etwas „Cowboyiges" dar. Doch wir Europäer sollten uns diesbezüglich nicht allzuviel einbilden: Kitsch gibt es überall, in Amerika vielleicht ein wenig mehr als anderswo. Faktum ist, daß Kunstinteressierte auch ganz gute zeitgenössische Gemälde und Graphiken mit Western-Motiven auftreiben können, ohne ihr Konto allzu grausam plündern zu müssen. Die Zeitschrift „Western Horseman" aus Colorado, die ich übrigens für die beste international auf dem Markt halte, informiert monatlich über Künstler und Galerien, die man anrufen oder -faxen kann, um sich Fotos von Kunstwerken schicken zu lassen. Für die glücklichen Finder unter uns, vor allem aber für die beneidenswert Betuchten, ist die „klassische" Western Art: Künstler vom Schlag eines Frederic Remington, Charles Russell, Alfred Jacob Miller oder Charles Schreyvogel haben die Eroberung des amerikanischen Westens inklusive Indianervertilgung mit Genie auf Gemälden, Graphiken und in Plastiken festgehalten bzw. sublimiert. Fast alle von uns müssen sich mit Reproduktionen der Werke dieser großartigen Meister zufriedengeben, was unserer Bewunderung und unserem Interesse keinen Abbruch tut. Besonders Frederic Remington stellte das Pferd und den Westernreiter der Epoche von 1880 bis 1909 in den Mittelpunkt seines Schaffens. Sein Oeuvre zeigt Pferde in fotorealistischer Bewegung ohne Idealisierung. Als einer der ersten Künstler der Zeit - und das macht ihn für uns Westernreiter interessant – orientierte er sich an Momentfotografien der Galoppsprungfolge des Pferdes. Er lehnte bewußt europäische Vorbilder ab und bildete seine Pferde in vitaler Dynamik, aber auch unromantischem Elend. Seine Bilder sind gefrorene dramatische „action". Der interessierte Reiter erkennt auf den Werken Remingtons immer wieder Ausrüstungsgegenstände der „klassischen" Epoche des Westernreitens. Als Plastiker formte er den Cowboy und sein Pferd in epochemachenden Bronzestatuetten. Seine berühmteste Plastik heißt „The Norther": Ein Cowboy reitet im winterlichen Nordwind den Rindern nach. Das durch Wind und Frost in Zacken aufgestellte Fell des Pferdes, das sich in der eisigen Kälte unter seinem frierenden Reiter krümmt, hat nie jemand zuvor mit solchem Realismus als Skulptur dargestellt. Alle modernen US Western Artists beziehen sich in irgendeiner Form auf Remington. Die heute in der Reining so begehrte „Lawson Trophy", ein Pferd mit Reiter im Sliding Stop, wurde genau im Stil Remingtons gefertigt.

Riding & Reading

Wir sehen: Westernfreizeitreiten hört nicht beim Schweif unseres Pferdes auf. Wir können unsere Pferdeleidenschaft auf kulturell-theoretische Gebiete ausweiten. Und das wiederum wirkt sich auf unser Bewußtsein als Reiter aus. Und wenngleich viele Reiter der Lektüre abhold scheinen, so können sie dennoch eine Menge davon profitieren. Der Erfolg der vorliegenden Reihe von Pferdepraxisbüchern zeigt, daß immer mehr Pferdeleute sich effizient Theorie-Know-how aus der Literatur beschaffen. Damit Lektüre für uns Westernfreizeitreiter Früchte trägt, müssen wir die Reiterei auch als geistigen Prozeß begreifen, kritisch lesen, anhand der Praxis überprüfen und diese Praxis gegebenenfalls ändern. Auch wenn es noch immer Reiter gibt, die angesichts von Büchern die Nase rümpfen: Seit Jahrhunderten studiert die Elite der Reiter Bücher alter und neuer Meister und setzt deren Gedanken im Sattel um. Beim Lesen beschränken wir Westernfreizeitreiter uns nicht nur auf unser Spezialgebiet und finden so wertvolle Anregungen in Büchern über andere Reitweisen. Nur was wir geistig verarbeiten, können wir in die Reitpraxis umsetzen. Nur Durchlesen allein wird nicht genügen. Wertvolle Buchpassagen immer wieder zu studieren, kann uns weiterhelfen.

Über den Zaun schauen: Andere Reitweisen

Wir beobachten aufmerksam, was sich in anderen Reitweisen tut. Als von jedem Reglement unabhängige Westernfreizeitreiter können wir uns an gescheiten Sachen herauspicken, was uns gefällt. Es wäre z. B. Engstirnigkeit, die Seitengänge der klassischen Reitkunst nicht trainieren zu wollen, nur weil sie nicht

„western" sind, wo sie doch unserem Pferd enorm nützen.

Bei der spanischen Doma Vaquera (deutsch „Cowboydressur") gefällt uns vielleicht nicht unbedingt der dauernde Schenkelkontakt, dafür aber die rasante Dynamik, mit der Manöver der Hirtenreiterei sowie klassischen Reitkunst in starker Versammlung präsentiert werden. Genannt seien hier nur der Rollback aus dem Schritt, das Angaloppieren aus dem Rückwärtsrichten, die Passade (im Galopp Halbpirouette, auf der Linie zurück, fliegender Wechsel, Halbpirouette, zurück auf der Linie), Kontergaloppachter, Galopptraversalen, Galoppirouetten. Das Doma-Vaquera-Pferd muß stets disponibel, verfügbar für die Wünsche des Reiters sein, der so sein Programm grandios frei improvisieren kann. Übrigens zeigt sich die Doma Vaquera der letzten Jahre insofern von der Western Reining beeinflußt, als jetzt mehr geslidet wird.

Beim Islandpferdereiten gefällt uns Westernfreizeitreitern der unbeschwert-unkomplizierte Umgang mit diesem genial-urigen Pferd, das viel in der Natur geritten wird. Klugerweise machen die Isländer gern auf Hügelkuppen Pausen, damit die verschwitzten Pelztiere im Wind trocken können. Nach dem Ritt dürfen die Pferde häufig ihrem Herzensbedürfnis folgen und sich auf der Koppel wälzen.

Bei der Camarguereiterei überrascht die verblüffende Ähnlichkeit zum Westernreiten, und das bei einer Reitweise aus Europa. Die Camarguereiterei, erklärte mir ein Freund aus Arles, sei nichts anderes als die Westernreiterei, nur reite man „mehr mit den Knien, während man beim Westernreiten mehr mit den Füßen reitet". Trailaufgaben bei den Camarguereitern ähneln stark unseren, wohingegen die Kuhdisziplinen aufgrund anderer Rinder und anderer Landschaft vom Westernreiten differieren.

Ausblick auf ein weites Land

Faszinierend, nicht? Als engagierte Westernfreizeitreiter kommen wir von der reinen Sportausübung zu aktivem Verständnis unserer Tiere, belauschen die Natur, befassen uns mit Musik, Kunst, Kultur und Literatur. Und jeder dieser Faktoren wirkt auf den anderen zurück. Das wird uns menschlich nicht unbeeinflußt lassen, unsere Persönlichkeit kann sich positiv verändern und entfalten, weil wir uns körperlich wie geistig einfach gut fühlen. Mit dem Westernfreizeitreiten als Energiezentrum können wir uns in Partnerschaft wie Berufsleben zu mehr Erfolg und Ausgewogenheit verhelfen. Denn es handelt sich um ein Reiten für Menschen, die sich den Luxus unabhängigen Handelns und Denkens wenigstens in der Freizeit leisten wollen, die gegen den Strom reiten, wenn nötig.

Guten Ritt!

Grundsatz Eins

Wer auch immer sich mit dem Pferd beschäftigt, übernimmt die Verantwortung für das ihm anvertraute Lebewesen.

Grundsatz Zwei

Die Haltung des Pferdes muß seinen natürlichen Bedürfnissen angepaßt sein.

Grundsatz Drei

Der physischen wie psychischen Gesundheit des Pferdes ist unabhängig von seiner Nutzung oberste Bedeutung einzuräumen.

Grundsatz Vier

Der Mensch hat jedes Pferd gleich zu achten, unabhängig von dessen Rasse, Alter und Geschlecht sowie Einsatz in Zucht, Freizeit oder Sport.

Grundsatz Fünf

Das Wissen um die Geschichte des Pferdes, um seine Bedürfnisse, sowie die Kenntnisse im Umgang mit dem Pferd sind kulturgeschichtliche Güter. Diese gilt es zu wahren und zu vermitteln und nachfolgenden Generationen zu übermitteln.

Grundsatz Sieben

Der Mensch, der gemeinsam mit dem Pferd Sport betreibt, hat sich und das ihm anvertraute Pferd einer Ausbildung zu unterziehen. Ziel jeder Ausbildung ist die größtmögliche Harmonie zwischen Pferd und Mensch.

Grundsatz Sechs

Der Umgang mit dem Pferd hat eine persönlichkeitsprägende Bedeutung gerade für junge Menschen. Diese Bedeutung ist stets zu beachten und zu fördern.

Grundsatz Acht

Die Nutzung des Pferdes im Reit-, Fahr- und Voltigiersport muß sich an seiner Veranlagung, seinem Leistungsvermögen und seiner Leistungsbereitschaft orientieren. Die Beeinflussung des Leistungsvermögens durch medikamentöse sowie nicht pferdegerechte Einwirkung des Menschen ist abzulehnen und muß geahndet werden.

Grundsatz Neun

Die Verantwortung des Menschen für das ihm anvertraute Pferd erstreckt sich auch auf das Lebensende des Pferdes. Dieser Verantwortung muß der Mensch stets im Sinne des Pferdes gerecht werden.

Quelle:

„Die ethischen Grundsätze des Pferdefreundes" wurden 1995 von der Deutschen Reiterlichen Vereinigung (FN) erarbeitet und vom Verbandsrat verabschiedet.

Mehr Freude am Reiten.

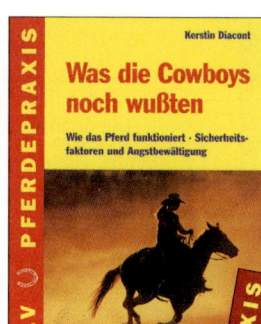

Kerstin Diacont
**Besser Westernreiten
mit George Maschalani**
Für den fortgeschrittenen
Westernreiter mit Turnier-
ambitionen: alle Fragen der
Ausbildung und des Trainings-
aufbaus im Hinblick auf den
Turniereinsatz mit Fehlerana-
lysen und Problemlösungen
für die einzelnen Prüfungs-
anforderungen.

Kerstin Diacont
**Was die Cowboys noch
wußten**
Einfache und effektive Methoden für artgerechte Haltung
und harmonischen Umgang
mit dem Pferd, Basisausbildung
an der Hand, Reiten mit minimalen Hilfen, Praxistips.

Kerstin Diacont
**Das Westernpferd –
Der Westernreiter**
Ausrüstung, Haltung und
Ausbildung
Einfühlsame, verhaltensgerechte
und folgerichtige Ausbildung
des Pferdes; westernspezifische
Minimalhilfengebung, Sitz und
Einwirkung des Reiters in den
Grundgangarten; Verstehen der
natürlichen Verhaltensweisen
und Reaktionen des Pferdes.

Renate Ettl
Das Western-Reitabzeichen
Anforderungen · Theorie
und Praxis · Prüfungsfragen
und -antworten
Theoretisches Wissen und
praktisches Können für das
Bestehen der Prüfung zum
Western-Reitabzeichen –
Grundlage für die Teilnahme
am Turniersport und die Aus-
bildung zum Fachübungsleiter
Westernreiter.